10 LIÇÕES SOBRE LUHMANN

Dados Internacionais de Catalogação na Publicação (CIP)
(Câmara Brasileira do Livro, SP, Brasil)

Silva, Artur Stamford da
  10 lições sobre Luhmann / Artur Stamford
da Silva. – Petrópolis, RJ : Vozes, 2016. –
(Coleção 10 Lições)
  Bibliografia.

  1ª reimpressão, 2020.

  ISBN 978-85-326-5230-0

  1. Luhmann, Niklas, 1927-1998 2. Sociologia –
Filosofia I. Título. II. Série.

16-00875   CDD-300.1

Índices para catálogo sistemático:
1. Sociologia : Filosofia   300.1

Artur Stamford da Silva

10 LIÇÕES SOBRE
LUHMANN

Petrópolis

© 2016, Editora Vozes Ltda.
Rua Frei Luís, 100
25689-900 Petrópolis, RJ
www.vozes.com.br
Brasil

Todos os direitos reservados. Nenhuma parte desta obra poderá ser
reproduzida ou transmitida por qualquer forma e/ou quaisquer meios
(eletrônico ou mecânico, incluindo fotocópia e gravação)
ou arquivada em qualquer sistema ou banco de dados
sem permissão escrita da editora.

CONSELHO EDITORIAL

Diretor
Gilberto Gonçalves Garcia

Editores
Aline dos Santos Carneiro
Edrian Josué Pasini
Marilac Loraine Oleniki
Welder Lancieri Marchini

Conselheiros
Francisco Morás
Ludovico Garmus
Teobaldo Heidemann
Volney J. Berkenbrock

Secretário executivo
João Batista Kreuch

Editoração: Gleisse Dias dos Reis Chies
Diagramação: Sheilandre Desenv. Gráfico
Capa: Sheilandre Desenv. Gráfico
Ilustração de capa: Studio Graph-it

ISBN 978-85-326-5230-0

O presente trabalho foi realizado com o apoio do CNPq, Conselho
Nacional de Desenvolvimento Científico e Tecnológico – Brasil.

Editado conforme o novo acordo ortográfico.

Este livro foi composto e impresso pela Editora Vozes Ltda.

Para Lara e Alice.

Sumário

Prefácio I – Luhmann, sociologia primeira, 9
Javier Torres Nafarrate

Prefácio II – A Teoria dos Sistemas Sociais, de Luhmann, como teoria geral, 17
Aldo Mascareño

Introdução – Luhmann: 60 livros e 377 artigos, 29

Primeira lição – Luhmann por Luhmann, 35

Segunda lição – Só por comunicação há comunicação, 43

Terceira lição – Comunicação, célula da sociedade, 51

Quarta lição – Sociologia circular reflexiva da sociedade, 61

Quinta lição – Teoria Geral dos Sistemas e a Teoria Luhmanniana, 65

Sexta lição – Evolução: *autopoiesis* da comunicação humana, 77

Sétima lição – Níveis de observação da sociedade, 85

Oitava lição – Sociedade funcionalmente diferenciada, 91

Nona lição – Os sistemas da sociedade, 99

Décima lição – O direito da sociedade, 107

Referências, 121

Prefácio I
Luhmann, sociologia primeira

*Javier Torres Nafarrate**
Cidade do México

Não deveria nunca deixar de agradecer que haja livros como este de Artur Stamford da Silva: podem servir de pauta para incursionar em uma das teorias mais excepcionais da sociologia moderna.

---

* Professor titular da Universidad Iberoamericana. Cidade do México. Licenciado em Literatura pelo Instituto de Literatura. Puente Grande, Jalisco. Licenciado em Filosofía pelo Instituto Libre de Filosofía A.C. Cidade do México. Doutor em Educação pela Universidade de Goethe. Frankfurt. Tradutor dos livros: LUHMANN, N. *Sistemas sociales* – Lineamientos para una teoría general. Cidade do México: Alianza/Universidad Iberoamericana, 1991 [2. ed.: Barcelona: Anthropos/Pontificia Universidad Javeriana/Universidad Iberoamericana, 1998]. • LUHMANN, N. *Teoría de los Sistemas Sociales II (Artículos)*. [Chile]: Universidad Iberoamericana/Universidad de Los Lagos/Iteso, 1999. • LUHMANN, N. *La Realidad de los Medios de Masas*. Barcelona: Anthropos/Universidad Iberoamericana/Iteso, 2000. • LUHMANN, N. *El Derecho de la sociedad*. Cidade do México: Universidad Iberoamericana/Unam-IIJ, 2002. LUHMANN, N. *El derecho de la sociedad*. Cidade do México: Herder, 2005. • LUHMANN, N. *El arte de la sociedad*. Cidade do México: Herder, 2005. • LUHMANN, N. *La sociedad de la sociedad*. Cidade do México: Herder, 2007.

Há nela um desbordado potencial heurístico de pensamento que nos faz experimentar com outros olhos a realidade. O próprio Habermas disse: "a teoria de Luhmann hoje [...] em vista à sua força de conceitualização, de sua fantasia teórica e de sua capacidade de elaboração, não tem par"[1].

Sugiro que a teoria de Luhmann seja lida como "sociologia primeira". Na tradição de pensamento ocidental, Aristóteles impulsionou um estilo de pensar referido à filosofia primeira; em grego: πρωτηφιλοσοφια. A "filosofia primeira" é a ciência que se ocupa das realidades que se encontram por cima das realidades físicas. Por isso, posteriormente, foi chamada de metafísica a toda tentativa de pensamento humano dirigida a transcender o mundo empírico para alcançar a realidade metaempírica. De maneira similar, a reflexão de Luhmann é "sociologia primeira": trata de delimitar, em sua forma mais básica, aquele âmbito emergente do mundo que chamamos sociedade. Luhmann pretende que a sociologia (ciência que aborda o fenômeno social): 1) Indague os princípios primeiros e supremos da ordem social; 2) Analise a operação constitutiva da socialidade; 3) Estude a comunicação – que é a substância da

---

1. Apud SCHNEIDER, W.L. Wiesbaden: Westdeutscher, 2002, p. 437.

socialidade e 4) Investigue a sociedade, que é o fenômeno omnicompreensivo de tudo o que se designa como social.

A sociologia, pois, de Luhmann se apresenta em primeiro lugar como a busca dos princípios primeiros e supremos da ordem social (formas elementares). Ela descobre que o princípio fundamental (e primeiro da sociedade) se encontra no fato de que a sociedade é tão só Forma. Forma é simplesmente o paradoxo que resulta do emprego de uma distinção. É paradoxo porque a distinção joga com dois movimentos simultâneos: 1) Joga com a unidade ao incluir algo; e 2) Joga com a diferença ao excluir algo.

Se quiséssemos uma definição moderna do ser humano seguindo o estilo de Aristóteles, poderia ser condensada provavelmente da seguinte maneira: o ser humano é o animal que usa distinções. O ser humano se alça por cima de tudo o mais do mundo, porque joga com distinções. E, para insistir nisso de novo, distinguir é jogar com a unidade e simultaneamente com a diversidade. Assim como na mitologia, o Rei Midas ao apenas tocar as coisas as converte em ouro; nós, só em nomear coisas, praticamos o jogo do paradoxo da unidade e diferença. Ao assinalar as coisas, o jogo que todos jogamos é um jogo de inclusão e exclusão.

É evidente que nem tudo o que experimentamos traduzimos em distinções. Inclusive poderia se afirmar que a maneira elementar na qual experimentamos o mundo transcorre sem distinção. Estamos no mundo. Temos uma identidade primária. Vivemos. Experimentamos o mundo. O problema, contudo, estoura quando queremos comunicar tudo isso, portanto, quando queremos fazê-lo social. A nossa experiência originária e a do mundo têm que ser traduzidas em distinções.

Podemos, então, já concluir que o conceito mais amplo e extenso da sociedade – a força centrípeta de todo o social – é a operação por meio da qual introduzimos distinções.

A sociedade é um cálculo de distinções, um jogo de distinções. Um jogo que separa, discrimina, discerne unidades e cria, por isso mesmo, diferenças. A sociedade é, pois, em seu princípio e fundamento um cálculo formal: uma Forma.

No transcurso da evolução, este cálculo formal se traduz na operação de comunicação. Nós, seres humanos, nos comunicamos recorrendo a uma forma: a um código, a uma linguagem, a sinais, a símbolos. A comunicação é, em certo sentido, a Forma, a natureza intimada sociedade. A sociedade está composta tão só por formas de comunicação.

Dentro dessas Formas não há nada material, nada orgânico, nada do ser humano. A sociedade é tão só Forma.

As cinco características decisivas da sociedade são:

1) A sociedade é um dinamismo de Formas de comunicação.

2) Esse dinamismo existe como uma ordem de reprodução emergente separado da ordem de reprodução das condições físico-químico-orgânico-espirituais que o possibilitam.

3) Enquanto essas formas de comunicação, a sociedade – no transcurso do tempo – vai adquirindo contornos de mais determinação.

4) A sociedade (a Forma) é uma unidade múltipla composta de partes – que a sua vez obedecem a um mecanismo emergente. A sociedade não é, pois, um todo composto simplesmente de partes, mas sim um todo composto de partes emergentes.

5) A sociedade é um dinamismo formal entre o atual e o possível. Ou, para dizer de uma maneira mais forte em alusão à Teoria da Substância, de Aristóteles: a sociedade não tem realidade ontológica própria. Não é mais que uma abstração formal e que existe só como símbolo entre os seres humanos.

A pergunta seria: Como se veria o campo da teoria se este programa fosse realizável?

Teríamos um tipo de desenho teórico que não se articularia a partir de leis da natureza (tipo antigo) nem de seus derivados estatísticos, nem do *leitmotiv* da eficácia dos acoplamentos técnicos. A crítica de Husserl à parcialidade da idealização galileu-cartesiana e de sua forma vinculante nas matemáticas se sustentaria. Tampouco, teríamos uma teoria dialética (independentemente de sua valoração positiva ou negativa) que resultaria num fim alcançável. Tampouco seria uma tabela de cruzamentos de variáveis, no sentido parsoniano, derivada do conceito de ação. Não seria nenhuma lógica que trataria de responder se desfazendo dos paradoxos, senão uma teoria que mantivesse aberta a paradoxização e desparadoxização de sua distinção diretriz, para o caso de que já não forem convincentes as Formas que ela oferece. Seria uma Teoria dos Sistemas Autorreferenciais, não triviais; portanto, movediços e incalculáveis, que têm que se delimitar de seu entorno para alcançar seu tempo e seus valores próprios e, assim, chegar a delimitar suas possibilidades. Uma teoria que assumiria a tarefa cibernética de controlar sua própria indeterminação[2].

Essas indicações fragmentárias sobre Luhmann se limitam a sugerir a importância excepcional desse sociólogo. Umas estão dedicadas a tentar melhorias

---

2. LUHMANN, N. *Die neuzeitlichen Wissenschaften und die Phänomelogie*. 2. ed. Wiener Vorlesungen: Picus, 1997 [Trad. para o espanhol, Javier Torres Nafarrate].

e aperfeiçoar seu aporte sociológico, outras a prolongam de maneira criativa, outras talvez a mal entendem. Porém, em qualquer caso a história da filosofia se lê, em boa parte, a partir de Luhmann, como história de sua influência, como aceitação e desenvolvimento, como transformação, crítica e recuperação do pensamento luhmanniano. O projeto dessa Teoria dos Sistemas parece conter um potencial de reflexão que não se esgota facilmente e que talvez ainda não se explorou em todas as suas dimensões.

Prefácio II
A Teoria dos Sistemas Sociais, de Luhmann, como teoria geral

Aldo Mascareño*
Santiago do Chile

Neste livro Artur Stamford elegeu o formato das *lições* para apresentar, em linhas gerais, fundamentos da Teoria dos Sistemas Sociais, de Luhmann. Isso implica várias coisas. A lição é uma *lectio*, uma leitura que seleciona, revisa e expõe. Supõe um trabalho

---

* Ph.D. Sociology, Bielefeld, Alemanha. Professor titular da Escuela de Gobierno de la Adolfo Ibáñez, Santiago de Chile. Diretor do Núcleo Milenio Modelos de Crises (NS130017) e pesquisador Fondecyt 1110344, projetos nos quais apoia este trabalho. Suas principais áreas de interesse são teoria dos sistemas, teoria sociológica, sociologia do direito e sociologia da América Latina. É autor de: *Die Moderne Lateinamerikas* – Weltgesellschaft, Region und funktionale Differenzierung. [s.l.]: Transcript, 2012. • *Diferenciación y contingencia en América Latina*. [s.l.]: UAH, 2010. Coeditor de: *Niklas Luhmann y el legado universalista de su teoría*. [s.l.]: RIL, 2012. • *Durch Luhmanns Brille* – Herausforderungen an Politik und Recht in Lateinamerika und in der Weltgesellschaft. [s.l.]: VS, 2012. • *Legitimization in World Society*. [s.l.]: Ashgate, 2012. Em 2015 foi publicada sua tradução de LUHMANN, N. *Die Wirtschaft der Gesellschaft* [*La economía de la sociedad*. México: Herder].

prévio profundo para selecionar, revisar e expor o que se quer mostrar dos materiais originais, e um trabalho provavelmente ainda maior para sintetizar sem perder complexidade, ensinar sem trivializar e contribuir ao conhecimento sem retirar o que já foi dito.

Artur Stamford tem trabalhado ensinando e aplicando a Teoria dos Sistemas há aproximadamente 20 anos. É também um permanente participante da comunidade científica sistêmica internacional. Suas *10 lições* vão pausadamente montando um tijolo sobre outro, até conseguir configurar o panorama geral dos fundamentos teóricos.

A Teoria dos Sistemas Sociais, de Luhmann, é uma das principais ofertas em teoria sociológica geral da atualidade. O próprio Luhmann trabalhou nela por volta de 30 anos, e quase duas décadas depois de sua morte, em 1998, a teoria segue em expansão em diversos campos de aplicação, crítica conceitual e complementações analíticas com elementos de outras teorias gerais através de trabalhos de diversos pesquisadores principalmente na Europa, América Latina e Ásia. A teoria alcançou um horizonte mundial e um alto grau de consolidação.

Neste prefácio quero simplesmente resumir a síntese que Artur Stamford fez da teoria de Luhmann para chamar atenção, desde o início, das chaves que o leitor encontrará nestas dez lições. Divido minha exposição em quatro pontos que considero capazes de condensar os fundamentos da teoria de Luhmann e da posição deste livro na Teoria Geral dos Sistemas. Inicio apresentando as condições da emergência do social na teoria de Luhmann. Sigo tratando da ideia de diferenciação como esquema de aplicação dos fundamentos da teoria. Exponho, em seguida, o caráter de *superteoria* do modelo luhmanniano e, finalmente, digo algumas palavras sobre estas *10 lições*.

Condições de emergência do social

Luhmann identifica um problema central para a emergência do social. Posto que os indivíduos são sistemas psíquicos determinados estruturalmente por sua própria história seletiva, a emergência do social se enfrenta ao problema de como superar condições de dupla contingência (seletividade imprevisível em ambos os lados da relação de *alter* e *ego*). A resposta de Luhmann é simples: só a formação de sistemas sociais permite o manejo do problema da dupla contingência e a emergência do social.

Os sistemas sociais alcançam isto por meio da comunicação. Comunicação é um conceito radicalmente novo na teoria de Luhmann. Ela se opõe diretamente ao modelo sequencial de emissor-mensagem-receptor de Shanon e Weaver[3]. Para Luhmann a comunicação é operação por excelência. Supõe uma síntese de seleções concatenadas de *alter* e de *ego*. Enquanto *alter* seleciona uma informação e sucessivamente uma forma de partilha, *ego* seleciona uma compreensão ao observar o que foi partilhado por *alter*. Comunicação não é, portanto, uma ação; uma situação = ação compreendida no interior da comunicação como forma de partilha de um conteúdo informativo: alguém fala, gesticula, dança, cala ou simplesmente não está.

A seleção de uma compreensão por parte de *ego* tem alta independência da seleção de informação e da conduta partilhada por *alter*. Não obstante, ambas estão ligadas pela situação, pela referência a um mesmo âmbito de sentido condensado em meios de comunicação simbolicamente generalizados. A dupla contingência radical começa a se resolver pelo enlace de uma situação de comunicação com a comunicação seguinte. Esse enlace operativo é o mecanismo gerador do social. E termina por se estabilizar na linearidade da comunicação com os meios simbólicos em diversos âmbitos de sentido[4].

---

3. SHANON, C. & WEAVER, W. *The mathematical theory of communication*. Urbana, IL: University of Illonois Press, 1949.

4. LUHMANN, N. *Die Gesellschaft der Gesellschaft*. Frankfurt am Main: Suhrkamp, 1997 [*La sociedad de la sociedad*. Cidade do México: Universidad Iberoamericana/Herder, 2007 [Trad. de Javier Torres Nafarrate e Darío Rodriguez Mansilla]].

Diferenciação da sociedade

A reiteração de uma seleção de sentido em comunicações sucessivas gera identidades e sistemas funcionais. Por que se produzem essas recursões que formam sistemas? Porque resolvem problemas que as mesmas recursões fazem aparecer como tais. A economia, por exemplo, resolve o problema da propriedade por meio da transmissão de liberdade de uso do dinheiro[5]. A política resolve o problema da coordenação de ações por meio do poder. Ou seja, o poder evita a aplicação de violência motivando para que se respeite uma ordem, inclusive arbitrária, porque a alternativa da violência seria mais desvantajosa para quem segue a ordem. Isto se alcança pelo desenvolvimento de sanções negativas[6]. O direito resolve o problema da decepção de expectativas de caráter normativo associando elas ao símbolo da validez, e fazendo-as exigíveis por meio de uma estrutura legal[7]. A ciência resolve o problema

---

5. LUHMANN, N. *Die Wirtschaft der Gesellschaft*. Frankfurt am Main: Suhrkamp, 1999 [*La economía de la sociedad*. Cidade do México: Herder, 2015 [Trad. de Aldo Mascareño]].

6. LUHMANN, N. *Die Politik der Gesellschaft*. Frankfurt am Main: Suhrkamp, 2010.

7. LUHMANN, N. *Das Recht der Gesellschaft*. Frankfurt am Main: Suhrkamp, 1997 [*El derecho de la sociedad*. Cidade do México: Universidad Iberoamericana, 2005 [Trad. de Javier Torres Nafarrate]].

da produção de conhecimento vinculando ao meio da verdade científica a contínua inter-relação entre métodos e teorias[8]. O sistema da intimidade resolve o problema da reprodução da individualidade por meio do amor, isto é, pela atenção à interioridade do outro como totalidade, e não só por um interesse parcial, como fazem outros sistemas sociais[9].

Outros sistemas como a religião, a arte, a educação e o esporte se especializam na resolução de outros problemas. O interessante deles é que a própria formação de sistemas sociais é a que torna relevante e esperável a resolução desses problemas. Não é que esses problemas preexistam à formação de sistemas, mas sim que eles emergem na evolução social na medida em que os sistemas se formam e transformam[10]. Este é o motor central da *autopoiesis* dos sistemas sociais. Eles criam seus problemas e, ao resolvê-los, os reproduzem, o que motiva um novo evento de resolução. Quem adquire liberdade

---

8. LUHMANN, N. *Die Wissenschaft der Gesellschaft*. Frankfurt am Main: Suhrkamp, 1997 [*La ciencia de la sociedad*. Cidade do México: Universidad Iberoamericana/Herder, 1996 [Trad. de Javier Torres Nafarrate e Darío Rodriguez Mansilla]].

9. LUHMANN, N. *Liebeals Passion*. Frankfurt am Main: Suhrkamp, 1997 [*El amor como pasión* – La codificación de la intimidad. Barcelona: Península, 1985].

10. LUHMANN, N. *Soziale Systeme* – Grundrisseinerallge meinen Theorie. Frankfurt am Main: Suhrkamp, 1983 [*Sistemas sociales*: lineamiento para una teoría general. Cidade do México: Universidad Iberoamericana/Herder, 1998].

de uso do dinheiro ao vender, a perde novamente ao comprar, o que o motiva a recuperá-la. Ou seja, não se pode deixar de trabalhar, ainda que seja especulando no sistema financeiro.

Por tudo isso, um dos aspectos de mais alto interesse na teoria de Luhmann é que ela não pressupõe estruturas *a priori*, nem nenhum conteúdo prévio à formação de sistemas. O mundo é contingente: é da maneira que é, porém pôde e pode ser de outro modo. O que é, não é impossível, porém tampouco é necessário. A própria diferenciação funcional está sujeita a esta contingência. É o que evolutivamente chegou a ser, porém pode ser de outro modo, pode inclusive desaparecer e ser substituído por outra forma de organização social. Alguns indícios disso se pode encontrar nas redes multifuncionais de favores e serviços em espaços onde o estado de direito não atinge a consolidação, como em determinadas regiões da América Latina e África[11]; ou nas construções hierárquicas por meio de uma integração entre religião, direito e política do Estado Islâmico[12]; ou nas consequências de instantaneidade

---

11. NEVES, M. *A constitutionalização simbólica*. São Paulo: Acadêmica, 2007. • MASCAREÑO, A. *Die Moderne Lateinamerikas*. Bielefeld: Transcript, 2012. • HOLZER, B. *Netzwerke*. Bielefeld: Transcript, 2006.

12. BAECKER, D. *Studien zur nächsten Gesellschaft*. Frankfurt am Main: Suhrkamp, 2007.

e transnacionalização que proveem um novo meio de difusão da internet[13]; ou também numa contextualização da sociedade mundial em espaços constitucionais transnacionais que integram variados rendimentos funcionais[14].

Superteoria

Como é possível advertir, a Teoria dos Sistemas Sociais, de Luhmann, explica a gênese e morfogênese do social. É, como o próprio Luhmann a chama, uma superteoria[15]. As superteorias têm várias características particulares. Em primeiro lugar, são teorias com pretensões universais, ou seja, não reclamam exclusividade sobre um tema ou campo, mas sim que funcionem de maneira totalizadora: a distinção pode se aplicar a múltiplos níveis (no caso da teoria de Luhmann, aos sistemas psíquicos, às interações, às redes, às organizações, aos sistemas funcionais e ao sistema geral da sociedade mundial). Com isso, superam a distinção micro/

---

13. TEUBNER, G. *Constitutional Fragments*. Oxford: Oxford University Press, 2012.

14. AUDA, J. *Maqasid Al-Shariah as Philosophy of Islamic Law: A Systems Approach*. Londres: International Institute of Islamic Thought (IIIT), 2008.

15. LUHMANN, N. *Die Moral der Gesellschaft*. Frankfurt am Main: Suhrkamp, 2008. • LUHMANN, N. *La moral de la sociedad*. Madri: Trotta, 2013.

macro como dois âmbitos separados com lógicas de operações distintas.

Em segundo lugar, posto que as superteorias são totalizadoras, elas têm também uma função limitadora. Devem estabelecer uma diferença que funcione universalmente e que guie a análise de todos os âmbitos que aborde. A Teoria de Sistemas faz isso por meio da diferença sistema/entorno e a reiteração desta distinção no interior de si mesma. om isso se cria uma estrutura fundamental de alta flexibilidade para apreender a variedade do mundo.

Em terceiro lugar, as superteorias têm uma função reflexiva no marco da ciência ou de uma disciplina em particular: procuram que a operação científica desenvolva rendimentos para a sociedade sem pôr em risco a diferenciação da ciência, ou seja, sem que o entorno social determine o que e o como a ciência faz o que faz. A sociologia pode falar de mundo e de si mesma, e o mundo pode falar da sociologia. Porém, o que não pode acontecer é que a operação científica se execute sem recurso à teoria e aos métodos da ciência. Mediante reflexão sobre os limites, as superteorias cuidam para que isto não aconteça.

Em quarto lugar, as superteorias se concebem a si mesmas como parte do objeto que estudam. Nesse sentido, são autológicas: aplicam suas próprias categorias de análise a elas mesmas. Assim se liberam da diferença entre sujeito e objeto, substituindo-a pela distinção entre observação de primeira e de segunda ordem que todo sistema pode realizar, e afirmam que elas, as superteorias, observam e descrevem o que ocorre na sociedade, o que também acontece na própria teoria.

Em quinto lugar, as superteorias são teorias operativas. Posto que não dão nada por definitivo e devem explicar o mundo desde sua origem até sua totalidade e pequenez, as superteorias constroem um mecanismo mediante o qual o mundo emerge na medida em que se explica. Na Teoria dos Sistemas, a comunicação, como superação da dupla contingência, cumpre esse papel. Para lograr seu efeito operativo, as superteorias não podem partir da unidade, pois isso requereria explicar como emerge a unidade. Elas devem partir de uma diferença. A operação não pode se executar no "uno"; por isso, ao se executar, a operação confirma a diferença, e esta em operação engendra o mundo.

E, em sexto lugar, posto que as superteorias podem dar conta da gênese e da morfogênese do social operativamente *desde zero* – isto é, sem requerer antecedentes naturais ou estândares apriorísticos – as superteorias constituem um horizonte para a aceitabilidade e rejeição de pretensões morais e da Teoria do Conhecimento. Nesse sentido, as superteorias são um equivalente funcional de tipo científico para visões de mundo ou preferências políticas gerais sobre a ordem social, com a diferença decisiva de que aqui se trata de ciência, não de religião ou de ideologia.

Por isso, não muitas teorias podem reclamar o caráter de superteoria. A distinção entre estrutura e agência em Margaret Archer pode ser outra possibilidade[16], também a diferença entre *habitus* e campo em Pierre Bourdieu[17], ou aquela entre identidade e controle em Harrison White[18]. De qualquer modo, a teoria de Luhmann é uma superteoria. Essas *10 lições* mostram por quê.

10 lições

Nas *10 lições*, Artur Stamford expõe de modo condensado e magistral (magistral tanto no sentido de lições que ensinam como no sentido de sua unidade, claridade e coerência) os elementos fundamentais da Teoria dos Sistemas Sociais, de Luhmann, os temas acima tratados e seus rastros vão surgindo pouco a pouco. E se integram entre eles de modo

---

16. ARCHER, M. *Realist Social Theory*: The Morphogenetic Approach. Cambridge: Cambridge University Press, 1995 [*Teoría Social Realista* – El enfoque morfogenético. Santiago: Universidad Alberto Hurtado, 2009 [Trad. de Daniel Chernilo]].

17. BOURDIEU, P. *El sentido práctico*. Buenos Aires: Siglo XXI, 2007.

18. WHITE, H. *Identity and Control.* Princeton: Princeton University Press, 2008.

complexo. Sob nenhum ponto de vista, "complexo" é um adjetivo que deva assustar aos *spiritus* sistêmicos. A teoria deve ser suficientemente complexa para captar a complexidade do mundo, e *10 lições* que expliquem uma teoria complexa devem ter, por sua vez, a capacidade de se fazer visível e condensar a complexidade da teoria.

Nesse sentido, as *10 lições* cumprem cabalmente o objetivo que devem cumprir: introduzem e ensinam de modo didático e ameno; ilustram com situações que todos nós temos nos visto envolvidos; e aportam ao conhecimento científico uma leitura de uma das teorias sociológicas mais relevantes da atualidade.

Se uma das características das superteorias é o fato que elas podem aplicar suas distinções a si mesmas, pode-se dizer que as *10 lições* de Artur Stamford são uma observação de segunda ordem da observação também de segunda ordem que a teoria de Luhmann realiza da sociedade. E este prefácio é, por isso mesmo, uma observação de segunda ordem da observação de segunda ordem que as *10 lições* de Stamford fazem das observações de segunda ordem da teoria de Luhmann sobre a sociedade. Posto que a observação de segunda ordem sempre tem uma posição privilegiada em relação ao que observa, meu convite à leitura e estudo dessas *10 lições* de Artur Stamford tem uma base sistêmica, ou seja, uma boa base.

Introdução
Luhmann: 60 livros e 377 artigos

Autor de 60 livros e 377 artigos[19], Luhmann configura como sociólogo de extrema relevância, em especial para a sociologia do direito, inclusive por ser o único a aplicar as novidades da Teoria Geral dos Sistemas, dos anos de 1960, à Teoria da Sociedade; do que resulta um surpreendente e fascinante impacto inovador no olhar sociológico diante da peculiaridade, irreverência e ironia como Luhmann escreve, envolve e convida leitores a participar da sociedade e da visão sistêmica diferencial, construtivista e evolucionista.

As características de Luhmann propiciaram curiosidades como a que, na Faculdade de Sociologia da Universidade de Bielefeld, em 1969, ele apresentou o seu projeto "Uma teoria da sociedade". Décadas depois, perguntado sobre o projeto, respondeu: "Meu projeto foi e ainda é uma teoria da

---

19. Para visualizar a lista dos 377 artigos, consulte http://www.maroki.de/pub/sociology/luhmann/mr_luhba.html Para a lista de libros, consulte http://agso.uni-graz.at/lexikon/pdfs/luhmann.pdf

sociedade; prazo: 30 anos. Custo: zero"[20]. Luhmann se dedicou ao projeto até 1998, ano de seu falecimento, aos 6 de novembro.

Antes de iniciar as lições, um alerta sobre a ironia própria de Luhmann. Ao desconstruir conceitos da matemática, biologia, física, geografia, linguística, ele constrói uma terminologia própria sem fornecer definições ou conceitos, o que se deve à teoria não ser de base metafísico-ontológica nem normativista, mas circular reflexiva. Circular por ter a si mesma como referência (autorreferência); reflexiva por se reproduzir em constante adaptação, afinal, a cada investigação, a teoria muda por ser atratora de operações e observações adicionais (heterorreferência).

Sobre a lógica luhmanniana, alertamos que a pergunta "O que é ?" é preterida em prol de, "Como é possível?" É que a origem e o fim de um elemento são acessíveis quando se lida com a "maneira autorreferencial de operação" (*selbstreferentiellen Operationsweise*).

---

20. "Mein Projekt lautete damals und seitdem: Theorie der Gesellschaft". *Laufzeit*: 30 Jahre. Kosten: keine". • LUHMANN, N. *Die Gesellschaft der Gesellschaft*. Frankfurt am Main: Suhrkamp, 1997, p. 5, 1997 [*La sociedad de la sociedad*. Cidade do México: Universidad Iberoamericana/Herder, 2007 [Trad. de Javier Torres Nafarrate e Darío Rodriguez Mansilla] [As próximas referências a estas obras serão: GG (*Die Gesellschaft der Gesellschaft*) e SS (*La sociedad de la sociedad*).

Da ironia e da lógica, releituras de uma mesma obra de Luhmann são requisitos para o leitor, antes que teça conclusões e afirmações sobre ideias de Luhmann. Como se exige devido à singularidade de termos como tema (assunto), sistema, entorno, ambiente, elemento, diferenciação, forma, *autopoiesis*, complexidade, contingência, acoplamento, expectativa, sentido, memória, ser humano, comunicação etc.

Essas dez lições estão sequenciadas para o leitor, paulatinamente, ir compreendendo consequências de afirmações como: comunicação é a célula da sociedade; sociedade é um sistema de sentido; a Forma de sentido se desenvolve no meio de sentido; sistemas sociais são comunicações hipercomplexas da sociedade. O direito da sociedade, por exemplo, é o sistema que lida com as comunicações sobre licitude (lícito/ilícito).

Numa frase, a teoria de Luhmann tem os sistemas sociais (Formas de comunicação desenvolvidas em meios de comunicação simbolicamente diferenciados específicos) como comunicações autorreferentes (recursivamente se referem a si mesmas), autopoiéticas (comunicam reproduzindo suas próprias comunicações) e funcionalmente diferenciadas (têm por unidade de referência um código binário específico, cuja função é estabilizar expectativas cognitivas e normativas), sendo tais sistemas fechados operativamente (operam exclusivamente a partir de sua estrutura) e abertos cognitivamente (irritado reciprocamente por seu entorno, acoplamento estrutural).

Por fim, um alerta sobre estas dez lições: deixamos Luhmann por conta de Luhmann. Não há aqui um manifesto a favor nem contra a teoria sistêmica da sociedade, a qual "não sustenta que a diferenciação sistema/entorno seja a única base possível para uma descrição do mundo. Não reclama exclusividade. Não sustenta que ela é a única teoria sociológica correta"[21]. É, porém, uma teoria universal, por ser a comunicação genuinamente social, o que faz dela uma teoria abstrata e explicitamente empírica.

Essas dez lições não teriam sido possíveis sem o apoio e as contribuições de amigos. A Karl Heinz Efken, Andreas Krell e Aldo Mascareño agradeço as prontas respostas e esclarecimentos do alemão, a cada vez que lhes recorri para tratar de termos e passagens em alemão, quando leituras do espanhol, inglês e italiano não me bastaram.

Definidos os temas, estabelecer a sequência das lições foi tarefa fácil após consulta a amigos, aos que agradeço, em ordem alfabética, o apoio

---

21. LUHMANN, N. *Sistemas sociales*: lineamiento para una teoría general. México: Universidad Iberoamericana/Herder, p. 15, 1998. Essa passagem é encontrada no prefácio da primeira edição, porém não há esse prefácio na edição de 1993, em alemão.

e as sugestões: Cláudio Souto, Darío Rodriguez Mansilla, Javier Torres Nafarrate, Luciano Oliveira, Marcelo Neves e Poul Kjaer. Agradeço novamente a Darío Rodriguez Mansilla e Javier Torres Nafarrate pela seriedade como se dedicaram às traduções de obras de Luhmann do alemão ao espanhol; a cada obra traduzida, eles seguiam a Bielefeld e revisavam os textos direta e pessoalmente com Luhmann.

Agradeço a Flamarion Tavares Leite pelo convite e oportunidade de divulgar as ideias de Luhmann; a Danilo Vaz-Curado Costa pelos contatos e ideias partilhadas; e a toda equipe da Editora Vozes pela atenção e presteza.

Primeira lição
Luhmann por Luhmann

Nascido em Lüneburg (Luxemburgo), cidade do Estado da Niedersachsen (Baixa Saxônia), Alemanha, aos 8 de dezembro de 1927, de 1946 a 1949 Luhmann (1927-1998)[22] cursou Direito na Universidade de Friburgo, ano em que passa a desempenhar a carreira de funcionário público em diferentes repartições governamentais de Hanover.

É constante, em sua biografia, a referência à sua estada, nos anos de 1961 e 1962, na Universidade de Harvard, quando estudou com Talcott Parsons. Não que tenha ocorrido algo especial em Harvard,

---

22. Sobre Luhmann, cf.: STICHWEH, R. *Niklas Luhmann* [Disponível em http://www.unilu.ch/files/stw_niklas-luhmann-blackwell-companion-to-major-social-theorists.pdf]. • BECHMANN, G. & STEHR, N. *Niklas Luhmann* [Disponível em: http://www.scielo.br/pdf/ts/v13n2/v13n2a10.pdf]. • HORNUNG, B. *Nilkas Luhmann 1927-1998* – Obituary written for the ISA. RC51_Sociocybernetcs [Disponível em http://mgterp.freeyellow.com/academic/luh-obit_rc51.html]. • RODRIGUEZ MANSILLA, D. & TORRES NAFARRATE, J. *Introducción a la Teoría de la Sociedad de Niklas Luhmann*. Cidade do México: Herder, 2008.

mas durante essa estada Luhmann debateu, com Parsons, sobre o termo função[23]. Ao voltar para a Alemanha, em 1962, Luhmann deixa seu cargo na administração pública e, em entrevista, afirma: "O que mais me incomodava era eu não ter um, mas sim vários chefes, que vinham continuamente ao meu gabinete com suas petições impossíveis e aos que eu não podia recusar"[24].

De 1962 a 1965, Luhmann se dedica a ministrar aulas na Universidade de Administração de Spyer. Em 1965, ele assume o posto de docente no Centro de Investigação Social (*Sozialforschungsstelle*) da Universidade de Münster, dirigido por Helmut Schelsky. Em 1966 conclui o doutorado em sociologia (*Doktor der Sozialwissenschaften*) com o trabalho: *Funktionen und Folgen formaler Organisation* (Funções e consequências da organização formal).

Em 1967, é habilitado a professor, outorgado por Helmut Schelsky e Dieter Clässens, com o trabalho: *Recht und Automation in der öffentlichen Verwaltung. Eine verwaltungswissenschaftliche Untersuchung* (Direito e automatização na administração pública. Uma exploração nas ciências da administração).

---

23. LUHMANN, N. *Archimedes undwir*. 1987.

24. RODRIGUEZ MANSILLA, D. & TORRES NAFARRATE, J. *Introducción a la teoria de la sociedade de Niklas Luhmann.* Cidade do México: Herder, 2008, p. 23.

Em 1968, assume a cátedra de Theodor W. Adorno na Universidade de Frankfurt, e em 1969 se muda como acadêmico para a Universidade de Bielefeld.

A obra de Luhmann, para Pierre Guibentif[25], passa por três períodos. No primeiro, estariam as publicações de 1963 a 1966, quando o autor se dedica à Teoria das Organizações, focado em temas de administração. No segundo período (1976 a 1981), ainda que Luhmann tenha publicado sobre diversos assuntos, sua obra se identifica com temas sociológicos pela publicação dos livros: *Confiança* (1968); *Racionalidade* (1968); *Poder* (1975); *Política* (1970), *Religião* (1977), *Educação* (1979), *A legitimação pelo procedimento* (1979), *Direito* (1972), *A diferenciação do Direito* (1981).

No terceiro período, com início em 1981, Luhmann se dedica à Teoria da Sociedade. Publicados em alemão, pela Suhrkamp Verlag, a *Teoria da Sociedade*, de Luhmann, é composta por 9 livros, que somam 5.080 páginas. Por ordem de publicação, temos:

- 1984 – *Sozialesysteme* = sistemas sociais (674 p.). Em 1990, foi publicado em italiano

---

25. GUIBENTIF, P. *Foucault, Luhmann, Habermas, Bourdieu – Une generation reepense le droit*. Paris: Fondation Maison des Sciences de l'Homme, 2010, p. 101.

(*Sistemi sociali*), pela Il Molino. Em 1991 foi publicado em espanhol (*Sistemas Sociales*) pela Universidad Iberoamericana (UIA) e a Antrhopos, traduzido por Javier Torres Nafarrate, com a colaboração de Silvia Pappe e Brunhilde Erker. Em 1996, publicado em inglês: *Social System*, pela Stanford University, traduzido por John Bednaz e Dirk Baecker.

• 1988 – *Die Wissenschaft der Gesellschaft* = A ciência da sociedade (356 p.). Publicado em espanhol em 1996, *La ciência de la sociedade*, pela UIA e a Anthropos, tradução coordenada por Javier Torres Nafarrate e realizada por Silvia Pappe, Brunhilde Erker e Luis Felipe Segura.

• 1990 – *Die Wirtschaft der Gesellschaft* = Economia da sociedade (732 p.). Com expectativa de publicação da tradução ao espanhol em 2016, tradução de Aldo Mascareño.

• 1993 – *Das Recht der Gesellschaft* = O direito da sociedade (597 p.). Publicado em 2005, pela UIA e Herder, El derecho de la sociedad teve tradução de Javier Torres Nafarrate, com a colaboração de Silvia Pappe e Brunhilde Erker e Luis Felipe Segura. Em 2008, publicado em inglês (*Law as social system*), pela Oxford University, tradução de Klaus A. Zierget.

• 1995 – *Die Kunst der Gesellschaft* = A arte da sociedade (517 p.). Publicado pela UIA e Herder, em 2005, *La arte de la sociedad*, foi traduzido por Javier Torres Nafarrate, com a colaboração de Silvia Pappe e Brunhilde Erker e Luis Felipe Segura. Em 2000, publicado em inglês (*Art as a social system*), tradução de Eva Knodt.

• 1997 – *Die Gesellschaft der Gesellschaft* = A sociedade da sociedade (1º vol. 594 p., 2º vol. 595 p.). Em 2007, foi publicado em espanhol (*La sociedad de la sociedad*) pela UIA e Herder, tradução de Javier Torres Nafarrate e o cuidado conceitual de Darío Rodriguez Mansilla e com o cuidado estilístico de Marco Ormelas Esquinca, Rafael Mesa Iturbide e Areli Mones Suárez. Em 2012, o 1º vol. e em 2014 o 2º vol. foram publicados em inglês (*Theory of society*) pela Stanford University, tradução de Rhodes Barrett.

• 2000 – *Die Politik der Gesellschaft* = A política da sociedade (443 p.). Por ser uma obra póstuma, este livro não é uma obra concluída. Nele estão conteúdos de manuscritos deixados por Luhmann, bem como transcrição de gravações de aulas e palestras sobre política. Deve-se ao trabalho realizado e de edição realizado por

André Kieserling. Em 2004, Javier Torres Nafarrate publicou a tradução do livro *Die Politik der Gesellschaft* com o título *La Política como Sistema*, pela UIA, no qual os dois primeiros capítulos são textos que apresentam Luhmann, permitindo ao público não especializado ter uma visão da dimensão da obra de Luhmann. O primeiro, escrito por Helga Gripp-Hagelstange: "Niklas Luhmann o ¿em qué consiste el principio teórico sustentado em la diferencia?" e o segundo, escrito por Kai-Uwe Hellmann, "Aristóteles y nosotros".

• 2000 – *Die Religion der Gesellschaft* = A religião da sociedade (361 p.). Assim como "A política da sociedade", este também é póstumo e resulta dos manuscritos deixados por Luhmann, bem como transcrição de gravações de aulas e palestras sobre política, trabalho realizado e editado por André Kieserling. *La religión de la sociedad* foi publicado em 2007, pela Trotta, traduzido por Luciano Elizaincin. Em 2013, publicado em inglês (*A systems theory of religion*) pela Stanford University, traduzido por David Brenner e Adrian Hermann.

• 2002 – *Das Erziehungssystem der Gesellschaft* = Sistema educacional da sociedade (236 p.). Este livro ainda não foi traduzido. Sobre o tema, há, de Nikklas Luhmann e Karl

Eberhard Schorr: 1982 – *Zwischen Techno-logie und Selbstreferenz. Fragenan die Pä-dagogik* (Entre tecnologia e autorreferência. Perguntas à pedagogia); em 1993 – *Zwischen Intransparenz und Verstehen. Fragenan die Pä-dagogik* (Entre a transparência e o entendimen-to. Perguntas à pedagogia); em 1990, *Zwischen Anfangund Ende. Fragenan die Pädagogik* (En-tre o início e o fim. Perguntas à pedagogia); e, publicado em 1992: *Zwischen Absicht und Per-son. Fragenan die Pädagogik* (Entre intenção e pessoa. Perguntas à pedagogia). Em espanhol: *El sistema educativo: problemas de reflexión*, em 1993, pela Iteso/UIA; e *Teoría de la Socie-dad y Pedagogía*, pela Paidós, em 1996.

Além das obras que compõem a Teoria da So-ciedade, Luhmann publicou a coletânea "Estrutura social e semântica" (*Gesellschaftsstruktur und Se-mantik*), composta por quatro volumes, publicados nos anos 1980, 1981, 1989 e 1995; bem como a coletânea "Ilustração sociológica" (*Soziologische Aufklärung*), composta por seis volumes: 1º vol. – 1970: *Ensaios sobre a Teoria dos Sistemas Sociais (Aufsätzezur Theoriesozialer Systeme)*; 2º vol. – 1975: *Ensaios sobre a Teoria da Sociedade (Aufsät-zezur Theorie der Gesellschaft)*; 3º vol. – 1981: *Sistema social, sociedade, organização (Soziales System, Gesellschaft, Organisation)*; 4º vol. – 1987:

Contribuições para a diferenciação funcional da sociedade (Beiträgezur funktionalen Differenzierung der Gesellschaft); 5º vol. – 1990: *Perspectivas construtivistas (Konstruktivistische Perspektiven)*; 6º vol. – 1995: *A sociologia e o homem (Die Soziologie und der Mensch)*.

Vista a amplitude da obra de Luhmann, iniciemos com sua concepção de comunicação. Antes, responda: Como é possível uma conversa? Quando você sabe que está conversando sobre algo e não sobre outro assunto? Quem determina o tema da conversa, você, o ouvinte, a conversa mesma? O sentido do que você fala está em você, no que você disse, em o que você disse representar algo, descrever seu pensamento ou quê? Ao final das dez lições, retome essas perguntas e compare suas respostas. Assim você verá as consequências da obra de Luhmann num olhar sobre a sociedade.

Segunda lição
Só por comunicação há comunicação

Respostas luhmannianas às questões ao final da lição anterior serão apresentadas à medida que a terminologia for sendo exposta. Recorremos à metáfora da conversação por tê-la como evidência da empiria das abstrações teóricas de Luhmann.

Uma conversa começa com a escolha do assunto sobre o qual se quer conversar. Essa escolha tem que ocorrer. Há, portanto, uma coerção para que ocorra uma seleção, sem a qual não há conversa. Não se conversa sobre tudo a um só e mesmo tempo. Nem se conversa sobre algo que jamais se pensou, imaginou ou se tem um mínimo de informação. Esse é um limite do social humano, não da psiquê humana.

Uma conversa é uma comunicação hipercomplexa, porquanto unidade com multiplicidade. É que o tema selecionado não elimina a multitude de temas deixados de fora da conversa. A própria seleção reduz a complexidade da multitude de temas possíveis de serem conversados. O tema seleciona-do contém uma multitude interna própria (infinida-de interna), ainda assim, conversamos e sabemos o tema da conversa.

A limitacionalidade (*Limitationalität*)[26] se dá pela própria conversa. Ocorre que para seguirmos numa mesma conversa necessariamente incluímos informações e realizamos novas seleções. A limi-tacionalidade não estabelece quais as novas infor-mações podem ou serão incluídas na conversa, mas sim que seleções têm e são realizadas durante a conversa, de modo a que haja sentido na conversa.

Nessa perspectiva, ao longo do tempo (histo-ricidade semântica, estrutura semântica), seguimos nos referindo recursivamente ao que é condensado como conceito (*Begriffe*) de uma palavra (*Wörter*). Recursividade – as voltas do tema reportanto algu-ma nova informação – é o que viabiliza sabermos sobre o que estamos conversando, se mudamos o assunto, se seguimos na conversa ou passamos a outra conversa.

Seguindo nossa metáfora, imagine uma cor que não existe, que você nunca viu. Como você parti-lharia essa cor para que alguém a compreenda?

---

26. LUHMANN, N. *Die Wissenschaft der Gesellschaft*. Frankfurt am Main: Suhrkamp, 1997, p. 392 [*La ciencia de la sociedad.* Cida-de do México: México: Universidad Iberoamericana/Herder, 1996, p. 282 [Trad. de Javier Torres Nafarrate e Darío Rodriguez Mansilla] [As próximas citações serão, respectivamente: WiS e CS].

Provavelmente para partilhar essa cor você buscará identificar ideias, informações, imagens, cores já presentes no seu próprio repertório cognitivo, ao mesmo tempo em que serão cores socialmente conhecidas, por *experts* ou não. O repertório cognitivo dos outros (o repertório social) também é levado em conta, afinal a cor não será partilhada se seguir exclusivamente em sua mente (sistema psíquico). Para partilhar a cor imaginada, recorremos aos meios de sentido selecionados como passíveis de viabilizar que a cor imaginada seja compreensível por outrem. Aproveitamos para lembrar o construtivismo radical com Paul Watzlawick, Janet Beavin e Don Jackson, para o qual não há nada fora da comunicação humana. O que não se confunde com a afirmação de Luhmann: "só nos comunicamos por comunicação". É que para Luhmann há comunicação diversa da humana; por isso, sociedade é o sistema "omniabarcador", o sistema de todas as comunicações humanas com sentido.

A afirmativa "Só nos comunicamos por comunicação" carrega a ideia que, para partilhar a cor imaginada, necessariamente precisamos diferenciá--la das demais cores, sem o que não é uma nova cor. Ocorre que ao diferenciar não eliminamos todas as demais cores; antes, elas seguem como referencial para que a cor imaginada não se confunda com as cores já existentes. Diferenciar, fique claro, não implica que há um conteúdo estabelecido previamente e conhecido igualmente por todos (consenso), mas sim que para algo ter sentido é necessário que ocorra o estabelecimento de um limite-referencial, sem o qual não é possível haver comunicação, pois não há expectativa sobre a comunicação dessa cor.

A continuidade de uma conversa, inclusive, dá lugar tanto a consensos quanto a dissensos e, tanto num caso quanto no outro, não deixa de ser uma conversa. Podemos sair de uma conversa afirmando que não concordamos com nada do que o outro afirmou, mas entendemos o posicionamento dele. Sabemos que seguimos na mesma conversa porque durante a conversa nos remetemos constantemente ao seu tema sem repeti-lo.

Na terminologia da Teoria dos Sistemas, uma conversa é recursiva (há *re-entry*, reentrada do tema no tema) porque promovemos constantes referências ao seu tema, a cada nova informação partilhada. Em outras palavras, em uma conversa promovemos autorreferência e heterorreferência ao seu tema, pois constantemente fazemos referência a ele sem voltar a fazer menção ao tema cada vez que incluímos informações na mesma conversa.

Recursividade significa que a comunicação não se reproduz como informação, mas como redundância, e que "informação é um valor surpresa de notícias, dado um reduzido (ou ilimitado) número de outras possibilidades. A redundância resulta (circularmente) de que a informação precedente se deve tomar em conta na operação dos sistemas autopoiéticos"[27]. Devido à redundância, o tema da conversa ingressa no próprio tema da conversa (autorreferência), bem como há o ingresso de novas informações (heterorreferência) na conversa. A inclusão de informações, sem o que não há conversa, é processada na própria conversa; assim, seguimos na mesma conversa. A comunicação é, então, autopoiética, evolui com a reprodução do tema no tema cada vez que são agregadas novas informações à conversa. A *autopoiesis* da comunicação humana está trabalhada na lição seis.

A comunicação é uma observação de uma observação (observação de segunda ordem), afinal quem partilha uma informação observa partilhas anteriores; quem compreende algo partilhado, observa o que foi partilhado como observação da informação partilhada. É que quem partilha uma informação não expressa a si mesmo (sistema

---

27. "Information ist der Überraschungswert von Nachrichten, gegeben eine begrenzte oder unbegrenzte Zahl anderer Möglichkeiten. Redundanz ergibt sich (zirkulär) daraus, dass sie beim Operieren autopoietischer Systeme in Anspruch genommen wird" (LUHMANN, N. *Das Retch der Gesellschaft*. Frankfurt am Main: Suhrkamp, 1997, p. 352 [*El derecho de la sociedad*. Cidade do México: Universidad Iberoamericana, 2005, p. 416 [Trad. de Javier Torres Nafarrate] [As próximas citações, respectivamente, serão RD e DS].

psíquico), sua consciência, sua individualidade, sua idiossincrasia, seu *self*; partilha como observa algo (sistema social). O mesmo ocorre com quem compreende algo.

Isso acontece porque comunicação é a realização simultânea de três seleções: informação (*Information*), partilha[28] (*Mitteilung*) e compreensão (*Verstehen*)[29].

Como a comunicação não controla o que ocorre no instante do ato de compreensão, ocorrem con-

---

28. *Mitteilung* está traduzido para o espanhol como "ato de comunicar", "ato de informar" (no livro *Sistemas sociales* e em *Ciencia de la sociedad*) e por "dar a conhecer" (no livro *La sociedad de la sociedad*). Nos dicionários, *Mitteilung* é traduzido por comunicação. Na Teoria Luhmanniana *Mitteilung* não corresponde à comunicação porque comunicação envolve simultaneamente três seleções: *Information, Mitteilung* e *Verstehen*. Pierre Guibentif sugere, para o português, traduzir por "expressar", pois *Information* é traduzido por "informar" (informação) e *Verstehen*, "compreender" (compreensão). Ocorre que *Ausdruck* corresponde a expressar, como inclusive foi traduzido no livro *Sistemas sociales*, na passagem relativa ao autor Bühler para quem os elementos da comunicação humana são "*Darstellung, Ausdruck und Appell*" (representação, expressão e apelação). Por fim, Karl Heinz Efken sugere que *Mitteilung* seja traduzido por "partilhar". Optamos por partilhar por considerar que partilha envolve *ego* e *alter*, o que não necessariamente se dá ao se expressar algo. Importante, contudo, é que se tenha em mente que a comunicação, em Luhmann, só se dá se ocorrem ao mesmo tempo as três seleções: *Information, Mitteilung* e *Verstehen*.

29. Compreender (*Verstehen*) é perceber que se quer conversar e, não, entender o conteúdo de uma expressão (partilha). Perceber é uma espécie de irritação, pois há mudança no estado anterior.

clusões pautadas pelo próprio passado das comunicações humanas. É o que se explica com a concepção de redundância das recursões autoconstituídas de infinitas e constantes conversas já realizadas ao longo dos milênios da vida em sociedade. Comunicar, então, envolve simultaneamente distinguir e observar, sendo observar uma operação que, ao mesmo tempo, seleciona e assinala (diferencia). Com isso, é a própria sociedade (sistema de todas as comunicações sociais possíveis) que observa a sociedade. É por comunicação que observamos uma comunicação.

Quem seleciona o tema e o partilha não define a conversa, apenas informa que pretende ter uma conversa sobre algo. Quem escuta uma informação partilhada – uma proposta de conversa – pode seguir conversando sobre o tema proposto, pode mudar de tema e propor outra conversa, pode se negar a conversar ou, ainda, pode sequer perceber que lhe foi proposto ter uma conversa. É possível, inclusive, ocorrer situações que sequer conseguimos imaginar agora.

Fixando: seleção "é um procedimento carente de sujeito, é uma operação resultado do estabelecimento de uma diferença. [...] Toda seleção pressupõe restrições (*constraints*). Uma diferença diretriz organiza essa encruzilhada sob o aspecto útil/inútil, sem fixar a eleição mesma. A diferença não determina o que será ou tem que ser escolhido, mas só a necessidade de eleger"[30]. A seleção opera uma distinção entre tema atual (sentido atual) e aqueles potencialmente possíveis (sentido possível), portanto distingue autorreferência – referência aos próprios elementos do sistema de comunicação – de heterorreferência – referência a elementos do entorno do sistema, ou seja, do ambiente social e demais sistemas da sociedade que estão acoplados estruturalmente ao sistema de referência da conversa.

Nessa ótica, sociedade é multiplicidade de conversas conversadas ao longo de milênios, mesmo tempo em que é a infinitude das possíveis conversas futuras. Comunicação é a célula da sociedade.

---

30. "Selektion ist ein subjektloser Vorgang, eine Operation, die durch Etablierung einer Differenz ausgelöst wird. [...] Alle Selektion setzt Einschränkungen (constraints) voraus. Eine Leitdifferenz arrangiert diese Einschränkungen, etwa unter dem Gesichtspunkt brauchbar/unbrauchbar, ohne die Auswahl selbst festzulegen. Differenz determiniert nicht was, wohl aber dass seligiert werden muss" (LUHMANN, N. *Soziale Systeme* – Grundriss einer allgemeinen Theorie. Frankfurt am Main: Suhrkamp, 1991 [1983]. • LUHMANN, N. *Sistemas sociales* – Lineamiento para una teoría general. Cidade do México: Universidad Iberoamericana/Herder, 1998, p. 54 [As próximas referências, respectivamente, serão: SSA e SSE].

50

Terceira lição
Comunicação, célula da sociedade

Ao questionar qual elemento (informação, diferença que no sistema faz uma diferença) é próprio da vida em sociedade, Luhmann responde: a comunicação é o que se constitui de próprio do social humano; a "sociedade se compõe unicamente de comunicação"[31].

Não por isso a comunicação é o Ser, o objeto ôntico físico ou mental ou nômeno ou fenomenológico da Teoria Social de Luhmann. Como elemento do social, a comunicação é relacional (circular reflexiva), não uma unidade em si mesma (ontológica causal); afinal "o sistema sociedade não se caracteriza por uma determinada 'essência' (*Wesen*) nem por ser uma determinada moral (propagação da felicidade, solidariedade, nivelação de condições de vida, integração por consenso racional etc.), mas

---

31. "die Gesellschaft lediglich aus Kommunikationen besteht (LUHMANN, SSA, p. 249; SSE, p. 177).

unicamente pela operação que produz e reproduz a sociedade: isto é, a comunicação"[32].

Não é, pois, o sujeito empírico – o indivíduo que partilhou uma informação ou quem compreende que se quer conversar – quem estabelece a comunicação, o que se diz e o que se entende do que foi dito. É a própria comunicação que produz comunicação (*autopoiesis* da comunicação), afinal, só por comunicação é possível se comunicar (autorreferência da comunicação). Mas... comunicação não é transferência de informação. Palavras enunciadas são palavras enunciadas, não referências a algo nem uma essência a ser decifrada, desvelada. A percepção mesma não é comunicável. Só a comunicação comunica.

Lembremos que comunicação é a realização simultânea de informar, partilhar e compreender. Tanto quanto informar e partilhar, compreender é uma seleção, portanto, duplamente contingente; *alter* nem *ego* dominam o sentido. Há comunicação se *Ego* compreende que *Alter* partilhou uma informação;

---

32. "Das Gesellschaftssystem wird demnach nicht durch ein bestimmtes 'Wesen', geschweige denn durch eine bestimmte Moral (Verbreitung von Glück, Solidarität, Angleichung von Lebensverhältnissen, vernünftigkonsensuelle Integration usw.) charakterisiert, sondern allein durch die Operation, die Gesellschaft produziert und reproduziert. Das ist Kommunikation (LUHMANN, GG, p. 32; SS, p. 48). Cf. tb. LUHMANN, N. *La moral de la sociedad*. Madri: Trotta, 2013.

portanto, se realiza a distinção expressão/informação. Observe que uma comunicação começa com *alter* partilhando algo a ser compreendido por *ego*[33]. Luhmann faz essa inversão justamente para afirmar que a comunicação é social, não psíquica: mente, consciência.

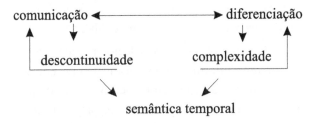

Esse esquema é apresentado por Luhmann para mostrar que a autorreferência e a *autopoiesis* da comunicação designam a semântica própria da sociedade, afinal a seleção não se confunde com o sujeito empírico; antes, é ela já uma observação de segunda ordem. A comunicação (informar, partilhar, compreender) opera a diferenciação por observação. Ocorre que o mais provável é haver descontinuidade entre as seleções da comunicação, pois a diferenciação porta complexidade (unidade

---

33. LUHMANN, N. *Struttura della società e semantica*. Roma/Bari: Laterza, 1983, p. 294-298.

numa multiplicidade) e, ela mesma, viabiliza que elementos se conectem seletivamente. Em outras palavras, o tema selecionado não exclui da conversa a multiplicidade de temas temporalmente não selecionados para a conversa. Ao operar por seleção, promovendo diferenciação, a comunicação lida com uma semântica temporal, não uma semântica eternizada. Cada conversa, cada comunicação é, pois, uma e irrepetível. Vejamos em detalhe.

Alter (por observação) seleciona o que e como emitir uma informação ao mesmo tempo em que *ego* compreende (por observação) que *alter* partilhou uma informação. Há, nesse processo sistêmico, coerção para que ocorra uma seleção com sentido. Essa seleção tem por consequência a diferenciação entre lado marcado (sentido positivo, incluído) e lado não marcado (sentido negativo, excluído temporalmente) do sentido.

Comunicação, saliente-se, não é representação do objeto de referência (*Maschinen*) nem transmissão de ideias (*psychischesoziale*), mas seleções com sentido, sendo sentido a unidade de atualização (sentido atual) e virtualização (sentido possível) – reatualização e revirtualização – é, pois, o sentido, um processo autopropulsor de sentido, capaz de ser condicionado por sistemas de sentido. Sentido é uma unidade na multiplicidade, portanto, complexo.

Ocorre que é improvável *ego* entender o que foi partilhado por *alter*, pois a individualidade dos corpos e das consciências separa *ego* de *alter*. O êxito de uma comunicação, portanto, depende de *ego* aceitar que *alter* partilhou uma informação e, não, de *ego* decodificar um conteúdo do que *alter* afirmou. Aceitar é, portanto, reflexo de um atuar de acordo com determinadas diretivas; o que envolve experimentar, pensar, elaborar mais informações, condição para que uma informação seja aceita. Assim é porque comunicar é um acoplamento estrutural entre o sistema psíquico e o sistema social. Numa frase: "O êxito da comunicação é um acoplamento bem-sucedido de seleções"[34].

Ocorre que, mesmo sendo improvável, nós nos comunicamos. Como isso é possível? A resposta de Luhmann é que, evolutivamente, meios de comunicação foram se constituindo, ou seja, vias de sentido às quais recorremos ao pensar, partilhar e compreender. Três meios de sentido foram historicamente se estabelecendo: a linguagem (*Sprache*); os meios de difusão (*Verbreitungsmedien*) (imprensa, rádio, televisão, internet); e os meios de comunicação simbolicamente generalizados (*symbolisch generalisierten Kommunikationsmedien*). São nesses

---

34. "Kommunikativer Erfolg ist: gelungene Kopplung von Selektionen" (LUHMANN, SSA, p. 217-218; SSE, p. 156-157).

meios de sentido que se constituem os sistemas, as Formas de sentido.

Os meios de comunicação simbolicamente generalizados (MCSG) – meios autônomos em relação direta com o problema da improbabilidade da comunicação, ainda que pressuponham a codificação sim/não da linguagem e que respondam pela função de fazer esperável a aceitação de uma comunicação nos casos em que a negação é o provável – permitem-nos ter expectativas (cognitivas ou normativas). Por exemplo, devido aos MCSG nós nos comunicamos sobre justiça e, independente de se saber o que é justiça, entendemos e compreendemos informações sobre justiça. Assim é porque os MCSG viabilizam que ocorra uma perspectiva de aceitação da informação partilhada.

Acontece que quem afirma, diz, fala, enuncia, partilha algo não detém o domínio sobre o que partilha ao emitir a informação nem sobre o como o outro irá entender do que foi dito. A comunicação é, pois, contingente quanto à relação entre as seleções: informação, partilha e compreensão. Ser contingente não se confunde com não haver expectativas quanto as três seleções da comunicação, pois, se não houvesse expectativas, não seria possível a comunicação, afinal, expectativa não é um estado atual de consciência de um indivíduo em particular, mas a temporalidade do sentido nas comunicações.

Distingue-se, inclusive, as expectativas cognitivas – aquelas passíveis de serem alteradas a cada conhecimento novo – das expectativas normativas – as contrafáticas, que persistem ao invés de mudarem ou se amoldarem e adaptarem diante de desenganos.

O assunto de uma conversa, nessa ótica, é desenvolvido na e pela própria conversa de maneira que os rumos que a conversa trilha é contingente, é duplamente contingente. É contingente porque nada é necessário ao mesmo tempo em que nada é impossível, porque não há determinação prévia à observação, só no momento da observação é que se dá a observação. Quando informamos algo – no caso o assunto de nossa conversa – realizamos uma observação. É duplamente contingente porque tanto quem informa depende de quem compreende, como quem compreende depende de quem informa.

Com a temporalidade, todavia, a continuidade de uma conversa não implica, exige, nem requer a repetição de tudo o já dito nem que toda informação cumulada seja repisada. O conhecimento presente em cada informação, em cada partilha de informação, em cada entendimento remete a uma memória, à redundância do sentido, forma-se, pois, uma semântica temporal.

Devido à memória reproduzimos informações. Reproduzimos. Não repetimos informações. Reproduzir, na Teoria dos Sistemas, é alterar, mudar o sentido anterior e, não, repetir igualmente. Cada ato é único, irrepetível. O que nos remete à linguística de Mikhail Bakhtin. Não se repete no tempo. A passagem de experiências para expectativas não se dá de maneira coordenada, afinal, o passado lida com redundância enquanto o futuro, com variação. A inovação, uma novidade, não deixa de conter elementos de redundância e variação. O presente é, assim, a diferença entre o passado e o futuro. Uma decisão, nessa concepção de semântica temporal, "é o início de uma nova história e, ao mesmo tempo, o pressuposto que os prognósticos sejam possíveis, sob a reserva de que permanece desconhecido como se decidir no futuro sobre as consequências da decisão"[35].

Nessa lógica, os sistemas de sentido se formam nos meios de sentido, naqueles meios de comunicação genericamente simbolizados, de maneira que esses sistemas constroem complexidade própria ao ponto que se diferenciam do entorno (meio), porém mantendo correspondências seletivas com seus elementos; pois, para ocorrer enlace com o entorno, o sistema, agora complexo, opera a partir da

---

35. "Jede Entscheidung ist dann der Beginn einer neuen Geschichte und zugleich die Voraussetzung dafür, dass Prognosen möglich sind- unter dem Vorbehalt, dass unbekannt bleibt, wie künftig an Hand von Folgen der Entscheidung entschieden werden wird" (LUHMANN, SSA, p. 1.010; SSE, p. 801).

ordem interna de produção de elementos próprios, portanto autopoieticamente. "*Autopoiesis* consiste na reprodução (= produção de produtos) de operações elementares do sistema, assim, por exemplo, pagamentos, ações judiciais, titulação acadêmica, decisões coletivas vinculantes etc."[36]

Na sociedade funcionalmente diferenciada, assim, distinguimos se uma conversa é sobre o belo, uma prova teórica, o lícito, crédito financeiro, titulação, governança e fé (meios de comunicação simbolicamente generalizado que são) e, por consequência, pautamos a conversa pela complexidade, respectivamente, dos sistemas sociais: arte, ciência, direito, economia, educação, política ou religião.

Luhmann afirma que sociedade é o sistema de comunicação omniabarcador (*umfassend*), o sistema de comunicação que abarca todos os sistemas sociais, todas as comunicações sociais possíveis.

Dessa visão de sociedade, Luhmann defende que é preciso uma sociologia capaz de lidar com essa perspectiva.

---

36. "Die Autopoiesis besteht in der Reproduktion (= Produktion aus Produkten) der elementaren Operationen des Systems, also zum Beispiel von Zahlungen, von Rechtsbehauptungen, von Kommunikation über Lernleistungen, von kollektiv bindenden Entscheidungen usw" (LUHMANN, GG, p. 752; SS, p. 596).

Quarta lição
Sociologia circular reflexiva da sociedade

Sendo a comunicação a célula da sociedade e sendo sociedade um sistema de sentido, a sociologia, para ser capaz de lidar com seu objeto, precisa ter a si mesma como objeto; precisa ser autorreferente e autopoiética, o que só é possível com uma visão circular reflexiva, não com uma visão causal, como aquelas pautadas pela dicotomia sujeito/objeto. É preciso uma teoria complexa para lidar com um objeto complexo.

Para Luhmann, as tentativas da Teoria da Sociedade pela solidariedade (Émile Durkheim), pelo conceito de natureza humana (Hobbes, Pufendorff, Locke, Rousseau), pelo materialismo histórico (Karl Marx), pela racionalidade (Max Weber), pela padronização, normatividade e consenso (Durkheim, Weber, John Rawls), pela intencionalidade (George Mead, Blumer), pelo condutivismo (George Caspar Homans, Peter Blau), pela territorialidade (como no culturalismo de Ralph Linton) não lograram êxito porque se dedicaram a enfatizar o sujeito empírico, o ser humano concreto, individuado. Isso é resultante da causalidade que disputa se tem razão o individualismo ou a coletividade.

Por esses caminhos se chegou a uma sociologia humanista e ao culturalismo regionalista, ambos considerados por Luhmann insuficientes a uma teoria da sociedade por estarem apoiadas "em uma teoria do conhecimento há tempos obsoleta, numa teoria do conhecimento que parte da distinção ser/pensar, objeto/conhecimento, sujeito/objeto, e que só pode captar como reflexão o processo real de conhecimento em um dos lados da distinção"[37].

Luhmann identifica quatro obstáculos que impedem da teoria social, nos últimos 100 anos, seguir se desenvolvendo: (1) que a sociedade está constituída por seres humanos concretos, empíricos e por relações entre eles; (2) que, por conseguinte, a sociedade se estabelece – ou pelo menos se integra – através do consenso dos seres humanos, da concordância de suas opiniões e da complementaridade de seus objetivos; (3) que as sociedades são

---

37. "aufeine Erkenntnistheoriestützen, die längstüberholtist – aufeine Erkenntnistheorie, die von der Unterscheidung Denken/ Sein, Erkenntnis/Gegenstand, Subjekt/Objektausgehtund den Realvorgang des Erkennensauf der einen Seitedieser Unterscheidung dann nurnochals Reflexion erfassenkann" (LUHMANN, GG, p. 14; SS, p. 18).

unidades regionais, territorialmente delimitadas, do que resulta o Brasil ser uma sociedade distinta da Tailândia; os Estados Unidos serem uma sociedade distinta do que até pouco se chamou União Soviética e, também, Uruguai ser uma sociedade distinta do Paraguai; (4) e que, portanto, as sociedades podem se observar desde o exterior como grupos de seres humanos ou como territórios.

Esses obstáculos levaram a sociologia a não conhecer seu objeto, afinal distinguir o ser humano dos outros animais recorrendo a conceitos como razão, entendimento, motivação, intenção, moralidade não se mostrou suficiente, pois partir do sujeito empírico, do indivíduo concreto não viabiliza uma teoria da sociedade, afinal "a sociedade não pesa o mesmo que o total dos seres humanos, não muda seu peso a cada um que nasce nem a cada um que morre [...]. A sociedade não vive"[38].

Para a sociologia superar seus paradoxos, dicotomias resultantes da linearidade da lógica causal, Luhmann recorre à metodologia circular reflexiva presente na Teoria Geral dos Sistemas dos anos de 1960, para a qual pensar em função de sistemas

---

38. "Die Gesellschaft wiegt nicht genau so viel wie alle Menschen zusammen und ändert auch nicht mit jeder Geburt und jedem Tod ihr Gewicht [...]. Sie lebt also nicht (LUHMANN, GG, p. 11; SS, p. 13).

circulares implica afastar a noção de que o evento "a" ocorre primeiro, e o evento "b" é determinado pela ocorrência de "a". Essa lógica defeituosa permite igualmente afirmar que o evento "b" precede "a", a depender de onde o observador escolher, arbitrariamente, romper a continuidade do círculo. Por isso, Luhmann recorre à Teoria Geral dos Sistemas.

Quinta lição
Teoria Geral dos Sistemas e a Teoria Luhmanniana

Para desenvolver sua sociologia circular reflexiva da sociedade, Luhmann lida com a Teoria Geral dos Sistemas, portanto, com uma teoria da diferenciação (esta quinta lição), uma teoria da evolução (a sexta lição) e uma teoria da observação (a sétima lição) e, sob a perspectiva sistêmica.

Iniciemos com Kurt Gödel. Em 1931, Gödel publica o teorema da incompletude demonstrando que um sistema teórico só pode ser formalmente completo se for incompleto; portanto quando seus paradoxos são tratados a partir de uma relação circular reflexiva e não por causalidade. Assim, no caso da Teoria dos Conjuntos, para um conjunto ser completo, necessariamente, contém elementos inconsistentes que implicam incompletude de seu sistema. Os dois teoremas de Gödel são:

Teorema 1 – Cada sistema formal S que abarque Z e que tenha um número finito de axiomas e que tenha regras de substituição e implicação como únicos princípios de inferência, é um sistema incompleto.

Teorema 2 – Em cada sistema S não se pode deduzir o enunciado de que S é consistente[39].

Diante de paradoxos não basta insistir em provar a inconsistência de seus lados nem querer unir seus dois lados, como com a Teoria dos Tipos, proposta por Bertrand Russell[40]. A solução do paradoxo é possível desparadoxizando o paradoxo, saltando de um lado ao outro. Foi o que fez Gödel com a Teoria dos Conjuntos. Exemplo, o conjunto dos números reais inteiros é um conjunto completo devido ao infinito (∞). Contudo, infinito é um número real inteiro? A resposta de Gödel é que o infinito é e não é matemática ao mesmo tempo, o infinito é um número inteiro real ao mesmo tempo em que não o é.

Para Luhmann os paradoxos causais levaram às dicotomias: sujeito/objeto; todo/parte; indução/dedução; teoria/prática; abstrato/concreto; ideal/real; interno/externo; individual/coletivo; ação/sistema etc.

---

39. GÖDEL, K. *Obras completas*. Madri: Alianza, 2006 [1968], p. 103-104.

40. RUSSELL, B. "Lógica e conhecimento". *Os Pensadores*. São Paulo: Abril, 1974, p. 7-143.

Aplicando as ideias de Gödel ao paradoxo do sentido, Luhmann afirma que o debate de o sentido ser estabelecido pelo autor, pelo texto ou pelo leitor perde lugar, afinal só por comunicação há comunicação, não é um sujeito empírico quem comunica. Seguindo essa lógica, a distinção entre o sentido marcado (dito) e o sentido não marcado (não dito) resulta da operação por comunicação; todavia, ambos os lados integram o sentido, pois sentido é uma Forma de dois lados, bem como porque há o sentido atual – estabilizado temporalmente por recursividade – e o sentido possível. Cada vez que se afirma algo, o sentido reingressa no próprio sentido e, a cada reentrada do sentido no próprio sentido, o lado não marcado (não referenciado) segue compondo o sentido atual, de maneira que provoca mudança de sentido.

No caso do paradoxo da evolução, a dicotomia estabilização/mudança é desparadoxizada pelo fato de a sociedade conter uma organização marcada pela estrutura de comunicações ao mesmo tempo em que vive em constante mutação; afinal, na sociedade há as normas sociais (ordem na desordem) ao mesmo tempo em que há reivindicações, protestos, movimentos sociais, contraculturas (desordem na ordem).

Outra base teórica de Luhmann são as ideias desenvolvidas e difundidas nas conferências promovidas pela Josiah Macy Jr. Foundation, as *The*

Macy Conferences, posteriormente, *cybernetics*[41]; reuniões realizadas de 1942 a 1952 entre pesquisadores como os matemáticos John von Neumann e Norbert Wiener, o engenheiro eletrônico Heinz von Foerster, o psiquiatra W. Ross Ashby, os antropólogos Margaret Mead, Gregory Bateson, o sociólogo Paul Lazarsfeld, o psicólogo Kurt Lewin, os linguistas Roman Jakobson e Charles Morris, para referenciar aqueles citados diretamente por Luhmann.

Em 1948, Norbert Wiener (1894-1964) apresenta a cibernética[42] como Teoria da Comunicação pautada pela ideia de *feedback* como retroalimentação, resultando num processo de desambiguização (*disambiguation*) das dicotomias causais. No caso da comunicação, esta passa a ser vista não como processo de fixação de conceitos, mas também como constitutivo de constante formulação e reformulação de conceitos. Luhmann aplica essa ideia para tratar da comunicação e explicar como

---

41. Sobre as reuniões The Macy Conference, consulte http://www.asc-cybernetics.org/foundations/history.htm

42. "Cibernética: derivei da pronúncia grega de *kubernetes* (o timoneiro). A mesma raiz da qual os povos do Ocidente cunharam o termo governo e seus derivados. Por outra parte, encontrei mais tarde que a pronúncia havia sido usada já por Ampére, aplicada na política, e introduzida, em outro sentido, por um homem de ciência polonês; ambos os casos datam do início do século XIX" (WIENER, N. *Cybernetics or the control and communication in the animal and the machine*. Cambridge, Mas.: MIT, 1965).

conseguimos passar da improbabilidade para a probabilidade da comunicação. Como vimos na lição quatro.

Em 1960, Heinz von Foerster (1911-2002) apresenta – no livro *On Self-Organizing Systems and their environment* – a ideia de circularidade reflexiva (causalidade retroativa – retroalimentação), com a qual explica que observar é distinguir. Distinguir envolve sempre duas partes (devido ao processo de *re-entry* da forma na forma mesma). Assim, ao indicar o que se observa, o observador faz referência, ao mesmo tempo, ao que observa e ao que não observa (o lado oculto, provisoriamente, da observação). Assim, há sistemas que observam, como são aqueles sistemas que não simplesmente incorporam (*order from order*) informações nem que se desagregam (*order from disorder*) ao viver a interferência de seu ambiente. Assim são os sistemas autorreferentes[43], aprendem com seu ambiente (*order from noise*), portanto mudam considerando fatores que o influenciam a manter, ampliar ou perder energia; como em Erwin Schrödinger e o princípio da "ordem da desordem"[44].

---

43. FOERSTER, H. *Undertanding Understanding* – Essays on cybernetics and cognition. Nova York: Springer, 2002, p. 4-5.

44. FOERSTER, H. *Sistemi che osservano*. Roma: Astrolabio, 1977, p. 53.

Nas palavras de Foerster: "Se considero um universo finito U0... e imagino que esse universo U0 tenha uma superfície fechada que divida o universo mesmo em duas partes reciprocamente distintas: uma das duas partes é completamente ocupada por um sistema auto-organizador S0, enquanto a outra podemos chamar de 'ambiente' A0 do sistema auto-organizador – S0& A0= U0. A isso posso acrescentar que é indiferente colocar o nosso sistema auto-organizador no interior ou no exterior da superfície fechada. Indubitavelmente, esse sistema auto-organizador se permite escolher, a qualquer tempo, sua própria tarefa de se auto-organizar. Nesse intervalo de tempo, a sua entropia será necessariamente diminuída, o que não o transforma num sistema mecânico, mas ainda termodinâmico"[45].

Ao lidar com essas ideias em sua Teoria da Sociedade, Luhmann trata a sociedade como sistema auto-organizador de comunicação, portanto um sistema que observa a si mesmo e o seu ambiente. Sociedade é um sistema capaz de aprender a partir de seus próprios elementos (autorreferência) e da influência dos elementos externos (heterorreferência). "O sistema só pode compensar o

---

45. FOERSTER, H. *Sistemi che osservano*. Roma: Astrolabio, 1987, p. 51-52.

desconhecimento do entorno com excedentes internos de possibilidades"[46].

Já a redundância da comunicação é entendida por Luhmann a partir da "Teoria dos Sistemas que Observam", de Heinz von Foerster, para a qual os sistemas são autorreferentes devido a sua forma recursiva. É que redundância envolve observação, a capacidade de aprendizado do próprio sistema. Um sistema observa ao mesmo tempo em que é observado. Observar como o sistema observou é algo de segunda ordem, não uma observação da própria realidade.

Luhmann afirma que observar é uma operação altamente seletiva do acoplamento estrutural e da reprodução da trama recursiva autopoiética – como ocorre quando a redundância produz informação ao especificar a sensibilidade do sistema[47]. Assim é porque a unidade do distinguido não pode ser observada, afinal ela antecede a própria produção de sentido, que resulta da recursividade, da reentrada (*re-entry*) do sistema no sistema mesmo. Isso é o que torna o sistema incalculável por alcançar "um

---

46. "Es kann nur das Unbekanntsein der Umwelt durch die internen Möglichkeitsüberschüsse, also durch ein matching von Unbestimmtheit mit Unbestimmtsein kompensieren" (LUHMANN, GG, p. 102; SS, p. 74).

47. LUHMANN, RG, p. 353; DS, p. 417.

estado de indeterminação não atribuível ao imprevisto dos efeitos externos (variável independente), mas ao sistema mesmo"[48].

Nessa perspectiva de observação, mesmo diante de toda a improbabilidade, nós nos comunicamos. A comunicação é possível justamente porque aprendemos com observação, porque aprendemos com o outro. Assim, os sistemas observam, aprendem com os outros sistemas. O direito aprende com a política, com a economia etc.

Em 1969, George Spencer Brown no livro *Lawsofform* apresenta o princípio da distinção. Conhecer é promover uma distinção, o conhecimento ganha forma num meio que viabiliza sua formação; afinal, conhecer é marcar, desenhar, limitar um saber; é distinguir o que marca e o que não marca um determinado saber. O lado marcado do que conhecemos designa uma fronteira (limite) em torno de algo, separando-o, assim, de tudo o mais, ao mesmo tempo em que distingue o lado marcado de tudo o mais; estabelece uma fronteira entre o conhecido e o desconhecido; e envolve a travessia do lado limitado do conhecimento ao lado do desconhecido. Trata-se do paradoxo de o conhecimento conter, em si, o conhecido e o desconhecido, o lado marcado e

---

48. LUHMANN, GG, p. 47; SS, p. 28.

o lado não marcado do conhecimento. Os axiomas da Teoria das Formas de Dois Lados são:

Axioma 1: A lei do chamado. O valor de um chamado realizado novamente tem o valor do chamado.

Axioma 2: A lei da transposição. O valor de uma transposição realizada novamente é o valor de uma transposição.

Desses axiomas, Spencer-Brown desenvolve a forma da condensação e a forma do cancelamento, com as leis da forma:

$\sqcap\!\sqcap$ = $\sqcap$ → Primeira lei da forma (lei da condensação) = Forma de replicação

$\sqcap$ = → Segunda lei da forma (lei da cancelação) = Forma da criação

Numa Forma está contida a replicação (histórica) e a criatividade (presente). Toda Forma é, pois, constituída em um meio. Com isso temos que toda Forma contém em si o referente (a forma da Forma) e o não referente (meio da Forma). Forma é, pois, Forma de dois lados, o lado interno (a Forma) e o externo (o *medium*).

Dessa teoria Luhmann explica que a comunicação é uma Forma de diferenciação; uma operação de observação que distingue o lado marcado (referente) do lado não marcado (não referente). Pautado pela Teoria da Diferenciação, Luhmann a aplica com a diferenciação "meio de sentido" e "forma de sentido", e sistema/entorno, sendo o entorno composto pelo ambiente do sistema referente e os outros sistemas que não o referente.

Por fim, Louis H. Kauffman e a Teoria dos Nós, com as ideias de autorreferência e recursividade. Para Kauffman, os sistemas contêm a si mesmos (lado interno) e o seu ambiente (lado externo). Assim como toda Forma tem elementos do meio, os sistemas contêm elementos do entorno, pois se os sistemas não estão equilibrados, equacionados com seu ambiente, eles não sobrevivem. Distingue-se, todavia, o ambiente interno do sistema do ambiente externo do sistema, ou seja, a autorreferência (referência a si mesmo, ao seu ambiente interno) da heterorreferência (referência ao seu ambiente externo).

A cada distinção se processa novamente a referência ao tema ao mesmo tempo em que ocorre a inclusão de novas reflexões, as quais têm lugar na medida em que tenham relação com o tema da conversa. Ao primeiro movimento Louis H. Kauffman denomina recursividade da forma na forma; ao segundo, autorreferência. Cada sentido, portanto, tem seu significado no próprio sentido (autorreferência) ao mesmo tempo em que contém referência ao lado não marcado da distinção (heterorreferência).

Aplicando essas ideias à Teoria da Sociedade, Luhmann desparadoxiza dicotomias da Teoria Social como objetivismo/subjetivismo, teoria/prática, interno/externo. Além da Teoria dos Sistemas, Luhmann se pauta pela Teoria Autopoiética da Evolução.

Sexta lição

Evolução: *autopoiesis* da comunicação humana

Luhmann aporta à concepção de evolução da biologia (a *autopoiesis* de Maturana e Varela) a evolução da comunicação humana. Evoluir não tem nenhuma conotação moralista, progressista ou algo semelhante. Inclusive, como digo, a cada dia estamos evoluindo para a morte.

A concepção de evolução de base biológica tem nos chilenos Maturana e Varela a perspectiva autopoiética. Segundo eles, para cada tipo celular de *autopoiesis*[49] a reprodução celular seleciona quais íons reage com sua rede metabólica, de modo que os íons que destruiriam a célula não são absorvidos e os que viabilizam sua reprodução são incorporados.

---

49. MATURANA, H. "The neurophysiology of cognition". In: GARVIN, P. (org.). *Cognition*: A multiple view. Nova York: Spartan, 1969, p. 3-23, 1969. Este é o primeiro registro do uso do termo *autopoiesis*.

Dentre todas as interações possíveis, algumas são recorrentes ou repetitivas. É por estar acoplada estruturalmente ao ambiente que a célula interage com ele em certos casos, pois é do meio ambiente que advêm os elementos para vida celular. Assim, as mudanças estruturais que se desencadeiam na célula não serão concordantes com a relação de sua *autopoiesis*. É que há uma história (*memory function*) em cada estirpe celular; por isso, o tipo de acoplamento estrutural celular reflete o estado presente da história de transformações estruturais da filogenia a que determinada célula pertence.

Esses biólogos consideram os fenômenos sociais como unidades de terceira ordem, pois se desenvolvem por comunicação. Cada espécie animal desenvolveu seu modo de comunicação conforme os acoplamentos estruturais de terceira ordem. No caso do ser humano "umas 10^{11} (cem mil milhões) interneuronas interconectam umas 10^6 (um milhão) motoneuronas que ativam uns poucos mil músculos, com umas 10^7 (dezenas de milhões) células sensoriais distribuídas como superfícies receptoras em vários lugares do corpo. Entre neurônios motores e sensoriais está interposto o cérebro, um gigantesco tumor de interneurônios que o interconecta (numa razão de 10/100.000/1) numa dinâmica sempre mutante"[50].

---

50. MATURANA, H. & VARELA, F. *El árbol del conocimiento* – Las bases biológicas del entendimiento humano. Buenos Aires: Lumen, 1984, p. 132.

A comunicação é autopoiética porque sua unidade se reproduz a partir de elementos próprios de comunicação estruturalmente acoplado às diversas comunicações possíveis, afinal, biologicamente não há transmissão de informação.

Na perspectiva sistêmica, evolução significa mudanças estruturais e, dado que estas só podem se efetuar no sistema (de modo autopoiético), não estão dispostas à discricionariedade do sistema, mas firmadas no entorno, portanto o sistema mesmo não pode sondar nem incluir em si mesmo. A evolução, pois, envolve ao mesmo tempo diversificação e incremento de irritações do entorno no sistema.

Aplicando a perspectiva biológica e a sistêmica à comunicação humana, Luhmann afirma que esta comunicação só funciona autorreferencialmente e que o sistema social opera no *medium* sentido para realizar a distinção autorreferência e heterorreferência, permitindo que, a cada informação dada a conhecer (partilhada = *Mitteilung*), o sistema atualiza sua autorreferência. Lembremos que sentido, em Luhmann, é meio e Forma: é o meio de sentido em que Formas de sentido se desenvolvem a partir de operações do próprio sistema. A *autopoiesis* dos sistemas sociais está em a comunicação partir de operações específicas dela mesma reproduzidas no interior do sistema de comunicação referente.

Autopoiesis, portanto, em Luhmann não é replicação da Forma de sentido, mas sua reprodução a partir da diferenciação sistema/entorno, afinal, ao se desacoplar do entorno, paradoxalmente, no sistema surgem espaços de liberdade internos, os quais permitem a reprodução de indeterminação interna no sistema. Assim evolui a sociedade.

O sistema social tem unidade, estrutura, organização, Forma, ao mesmo tempo em que contém desordem, indeterminação, meio de sentido. Ocorre que nenhum sistema pode evoluir a partir de si mesmo, mas por comunicação com seu entorno.

No caso dos sistemas sociais temos:

1) comunicação é genuinamente social = é a célula da sociedade;

2) comunicar envolve três seleções: informar; partilhar; compreender;

3) selecionar é observar;

4) observar é distinguir e assinalar o sentido atual;

5) distinguir (forma de dois lados) é diferenciar o atual do possível (temporalidade);

6) ter sentido é acessar o acoplamento memória e sentido (recursividade);

7) só nos comunicamos por comunicação (autorreferência);

8) as comunicações se reproduzem conforme o fechamento operacional e a abertura cognitiva (*autopoiesis*);

9) os MCSG (meios de comunicação simbolicamente generalizados), meios de sentido hipercomplexos formam os sistemas de comunicação da sociedade;

10) sociedade é o sistema ominiabarcador de todos os sistemas sociais;

11) sociedade da sociedade = sistema de comunicação da sociedade.

Comunicação = célula da sociedade

> Informação (diferenciação)
> Partilha (expressão de informações)
> Compreensão (reação à partilha = aceite/rejeição)

Aporte teórico	Na Teoria da Sociedade, de Luhmann
Teoria da Diferenciação – Forma de dois lados – (George Spencer-Brown)	• Distinção meio/forma + sentido/entorno. • Comunicação = operação de seleção. • Seleção = distinção entre o sentido referenciado e o sentido não referido. • Sentido = meio de sentido e a forma de sentido. • Sociedade = sistema de comunicação humana.

Aporte teórico	Na Teoria da Sociedade, de Luhmann
Teoria da **Incompletude** (Kurt Gödel)	• Um sistema para ser completo tem que ser incompleto. • Gödelização da racionalidade. • Paradoxos/salto à desparadoxização.
Sistemas que observam (Heinz von Foerster)	• Observador – observa uma observação (observação de segunda ordem). • Sentido é uma observação de observações (circularidade reflexiva). • Só nos comunicamos por comunicação (autorreferência).
Teoria dos Nós (Louis H. Kauffman)	• Recursividade da comunicação. • Autorreferência e heterorreferência da comunicação.
Teoria da Evolução – *autopoiesis* – (H. Maturana e F. Varela)	• Temporalidade – dupla contingência da comunicação. • Acoplamento estrutural + Abertura cognitiva. • *Autopoiesis* da comunicação humana.

Paradoxo	Teoria da Forma	Gödelização da racionalidade	Auto/heteror-referência
da distinção	da observação	distinguir/ assinalar	observador/ observado
do sentido	da comunicação	*médium*/ Forma	atual/potencial
da evolução	da evolução	seleção/ variação	organização/ irritação

A sociedade da sociedade

Forma de diferenciação funcional por comunicação.

Forma de operação histórica cuja utilização enlaça o surgimento contingente e a indeterminação de aplicações futuras. São consequências da *re-entry* = dupla distinção = distinção produzida pelo sistema e distinção observada no sistema.

Sociedade: sistema que estabelece sentido

Os sistemas sociais detêm:

• Identidade = resultado de um processamento de informação = um problema → função de ordenar as recursividades.

• Autonomia = especificação no plano estrutural e operacional → Referência (auto e hétero) → condensação seletiva + generalização.

• Acoplamento Estrutural = adaptação com o entorno. Temporalidade. Mútua influência. Irritação constante.

• Forma = operações do sistema → observação de 2ª ordem.

• Limite = uma forma de dois lados → maneira e concreção das operações.

• Operação = decisão – seleção → comunicação (informação + partilha + compreensão).

• Variação = se produz na comunicação que rechaça comunicação → rede de recursividade da *autopoiesis*.

Sétima lição
Níveis de observação da sociedade

Esta lição não está dedicada ao tema da observação, ou seja, da operação de distinguir e assinalar, mas a apresentar os três níveis de observação sistêmica.

Com essa imagem, Luhmann afirma que o nível mais abstrato de observação sistêmica é o das observações pautadas pela Teoria Geral dos Sistemas, as quais se dedicam às reflexões conceituais, terminológicas.

Em um segundo nível, as observações são mais específicas por estarem dedicadas à distinção entre sistemas mecânicos, sistemas orgânicos, sistemas psíquicos e sistemas sociais. Os sistemas psíquicos e os sociais se caracterizam por operar no meio do sentido[51], pois se desenvolvem na linguagem, não física nem biologicamente. Daí se diferenciarem dos sistemas mecânicos e biológicos. As comunicações entre máquinas e as comunicações entre células orgânicas não se dão nos mesmos moldes da comunicação psicológica e da social. Afinal, a comunicação não é um processo social com estruturas rígidas, mas dupla contingência, a qual tem início na *autopoiesis* dos sistemas sociais, pois "a percepção mesma não é comunicável, porque só a comunicação é comunicável"[52].

Os sistemas psíquicos se diferenciam, portanto, dos sistemas sociais porque naqueles ocorrem nexos de consciência (*Bewusstseinszusammenhanges*), enquanto nos sistemas sociais, nexos de comunicações sociais (*Kommunikationszusammenhanges*).

No terceiro nível, o nível dos sistemas sociais, Luhmann distingue interações de organizações e

---

51. LUHMANN, SSA, p. 18; SSE, p. 29.

52. "Die Wahrnehmung selbst ist nicht kommunizierbar, denn nur Kommunikation ist kommunizierbar" (LUHMANN, WiS, p. 20; CS, p. 20).

da sociedade[53]. As comunicações, no âmbito da interação, têm uma temporalidade diversa daquelas comunicações que constituem organizações e daquelas que constituem sistemas de comunicações. Uma interação tem seu tempo limitado ao tempo de duração do contato dentre os que estão em interação. No âmbito da organização, esse tempo persiste à interação, viabilizando que, mesmo mudando os indivíduos concretos, a comunicação no âmbito da organização siga. Por fim, as comunicações sistêmicas têm a duração da existência dos sistemas sociais.

Observem as seguintes imagens:

Que sentido você atribui a cada uma delas?

Para Luhmann, o que cada uma dessas imagens comunica é reflexo da informação partilhada e compreendida, portanto simultaneamente do observador e da observação. Lembre-se que os sistemas

---

53. LUHMANN, SSA, p. 16; SSE, p. 27.

observam. Para algumas imagens a atribuição de sentido não ocorre ou requer mais informações sobre elas. Por exemplo:

Claro que é possível atribuir um sentido a essas imagens; no entanto, ao partilhar (expressar) o sentido a elas atribuído não podemos esquecer que, para haver comunicação, é indispensável haver uma compreensão de sentido. Só nos comunicamos por comunicação. Não é suficiente você atribuir um sentido para a imagem, mas também que esse sentido seja compartilhado, afinal, partilhar envolve uma expectativa sobre a compreensão, sobre como o sentido atribuído será compreendido pelo outro, por uma organização, pela sociedade.

Outras imagens nos permitem uma maior expectativa quanto à sua compreensão por carregarem uma distinção, um sentido demarcado. Isso não se deve a elas mesmas (não há *coisa em si*), mas a elas terem referências a meios e a sistemas de sentido. Exemplos:

Robô (máquina), DNA, cérebro, música, símbolo religioso, dinheiro, licitude, voto (eleição), medicina e átomo integram meios de comunicação simbolicamente generalizados.

Observar implica processar comunicações. Ocorre que distintos sistemas processam comunicações distintamente. Luhmann distingue os sistemas de sentido (sistemas psíquicos e sistemas da sociedade) dos sistemas das máquinas e dos sistemas biológicos. Com isso, o autor diferencia as espécies de comunicações realizadas nesses distintos sistemas. Aplicando essa distinção dentre sistemas, temos que as três primeiras imagens têm, respectivamente, sentido (referência) ao sistema mecânico (o robô), ao biológico (DNA) e ao psicológico (mente). As demais imagens, ao sistema social, respectivamente, ao sistema da arte (música), da religião (símbolo religioso), da economia (dinheiro), do direito (decisão judicial), da política (voto), da educação (titulação) e da ciência (conhecimento do átomo).

Recorremos à elipse para oferecer uma imagem didática à diferenciação, insisto, exclusivamente à diferenciação entre os sistemas. Alertamos que essa imagem não reflete a teoria de Luhmann visto que sistemas são comunicações acopladas operacional e estruturalmente, portanto não se isolam, mas sim se diferenciam.

90

Oitava lição
Sociedade funcionalmente diferenciada

O até aqui tratado nos permite saber que a hipercomplexidade da comunicação humana é tratada por Luhmann sob a ótica da Teoria da Diferença, da Teoria da Forma de Dois Lados e da Teoria da Evolução. Com a diferenciação meio/Forma, Luhmann explica que a comunicação (célula da sociedade que é) se desenvolve no meio de sentido, afinal só nos comunicamos por comunicação (circularidade reflexiva, *autopoiesis* da comunicação). Com a diferenciação sistema/entorno, o sistema é o lado marcado, a unidade dessa diferença cujos limites (autorreferência) viabilizam reproduções evolutivas (incremento de expectativas – *autopoiesis*). Já entorno, lado não marcado, é um correlato necessário para que ocorram as operações autorreferenciais.

Assim, nas sociedades segmentárias[54] e nas sociedades estratificadas[55] a forma de comunicação não permite diferenciar as comunicações. Nessas sociedades, por exemplo, comunicações sobre direito, política e religião não são distinguíveis. É, porém, nas sociedades funcionalmente diferenciadas que, devido aos meios de comunicação simbolicamente generalizados (MCSG), passamos a distinguir comunicações sobre arte, ciência, direito, economia, educação, política, religião. Afinal, o sentido é produzido na trama das operações com sentido (no sistema mesmo); sentido não é uma qualidade do mundo ou de um pensamento. A memória que constitui o sentido é justamente a conservação das condições mínimas para que ocorra a seleção do que tem sentido. Trata-se do primado da diferenciação.

Tal primado está em que, como Forma num meio de sentido, o sistema, ao mesmo tempo em que contém uma memória (*memory function*) que o leva a recorrer às operações passadas (experiência),

---

54. Sociedades segmentárias ou tribais são aquelas marcadas pelo parentesco como critério básico para estabelecer quem pertence e quem não pertence à sociedade, Idade Antiga e alta Idade Média – feudalismo. Cf. LUHMANN, GG, p. 634-662; SS, p. 502-525).

55. Sociedades estratificadas ou políticas são marcadas pela ordem da linhagem determinar o estrato social, como nobre/plebeu, como na Idade Média e início da Modernidade. Cf. LUHMANN, GG, p. 678-706; SS, p. 538-560.

confronta-se com um futuro indeterminável para si mesmo (expectativa). Há uma condensação seletiva, a generalização de sentido necessária para que aquilo que se distingue do outro seja designado como o mesmo (o sentido é uma Forma de dois lados). Assim é devido à *autopoiesis* do sentido, ou seja, à aceitação de que toda explicação deve partir das operações específicas reproduzidas no sistema. *Autopoiesis* não é produção da forma do sistema, mas resultado da diferenciação sistema/entorno. Como o sistema está acoplado estruturalmente ao seu entorno, sistema e entorno estão, ao mesmo tempo, diferenciados e vinculados. Jamais separados. Quem distingue o sistema do entorno é um observador ao observar. Lembre-se que, como visto na quinta lição, não só os seres humanos observam; os sistemas também observam.

Os sistemas de sentido se diferenciam por sua unidade de referência, devido à qual são estruturalmente fechados e cognitivamente abertos. As unidades de referência fazem com que os sistemas de comunicação sejam coordenados por códigos binários (lado positivo/lado negativo) e, com isso, contenham situações-limite e casos normais.

Ser estruturalmente fechado não se confunde com ser isolado, mas sim que as influências (irritações) provenientes do entorno do sistema de comunicação selecionado (meio ambiente e dos outros sistemas) são processadas segundo significações internas do sistema de comunicação selecionado.

Ser aberto cognitivamente, por dependerem do fechamento estrutural, permite os sistemas processarem comunicação exclusivamente em seu interior.

Partindo dos títulos dos livros que compõem a Teoria da Sociedade, de Luhmann, temos os seguintes sistemas da sociedade: amor, arte, ciência, direito, economia, educação, política, religião. Há ainda os meios de comunicação e a moral. Portanto, tais sistemas são comunicações hipercomplexas que têm a Forma de sistema operativamente fechado (autorreferência) e comunicativamente aberto (*autopoiesis*), são, pois, sistemas que observam, sistemas capazes de aprender com observações dos outros sistemas.

Voltemos à metáfora da conversa. É noticiado que um esportista perdeu seus títulos por seu exame *antidoping* ter dado resultado positivo. Diversos debates têm lugar. Aplicando a teoria de Luhmann, o debate sobre as questões e consequências no mundo dos esportes não se confunde com debater o tema em relação às questões econômicas, jurídicas, políticas, artísticas, científicas, religiosas sobre *doping*. O *doping* e o esporte levam o debate para pontos, argumentos diversos das questões jurídicas (licitude) sobre o assunto. O esportista que tem seu título, sua medalha retirada, pode acionar juridicamente responsáveis pelo ocorrido. A perda de patrocínio (sistema econômico) envolve outras questões e debates. O esportista representar um país já envolve outras conversas e debates. Isso implica que o debate sobre as questões do mundo dos esportes envolve e comporta questões econômicas, jurídicas, políticas etc. Ocorre que, ao conversar sobre um caso de *doping*, as questões dos outros sistemas ingressam na conversa, mas não determinam as operações, decisões e consequências do sistema dos esportes.

Outro exemplo: aborto. Conversar sobre aborto significa que aborto foi o tema selecionado à conversa. Quanto custa fazer um aborto? O sistema que será acionado a operar, portanto ao qual cabe debater qual a resposta; dessa forma o sistema que observa o tema selecionado, é o sistema econômico. Se a pergunta for: Que política pública há sobre aborto? Essa é uma questão referente ao sistema político. Já se a questão é: Aborto é lícito ou ilícito? O sistema jurídico é que observa e opera decidindo, segundo seus programas, se aborto é lícito ou ilícito. Assim é, porque os sistemas são comunicações da sociedade. O que em nada se confunde com afirmar que elementos da política e da economia, por exemplo, influenciam e afetam decisões jurídicas. Afinal, nenhum sistema é isolado, mas acoplado um ao outro.

Assim, a resposta à pergunta "aborto é lícito" não depende de quem você é, de qual a sua classe social, de qual seu poder político, nem mesmo do quanto você ganha. Aqui cabe distinguir a existência de casos da existência do sistema mesmo. Se a resposta sobre a licitude ou ilicitude se pautar por elementos de outros sistemas que não os do sistema jurídico, significa que, nesta sociedade, não se faz a distinção entre uma comunicação jurídica de uma comunicação política, da econômica, da religiosa etc. Não há, nela, diferenciação funcional. O que não significa se tratar de uma sociedade melhor ou pior que outra, mas que é uma sociedade segmentária ou estratificada e, não, funcionalmente diferenciada.

Nesse caso, Luhmann fala em corrupção sistêmica: "Se o sistema jurídico é exposto frequentemente a intromissões – e quem negaria que isso ocorre – opera em estado de corrupção. Reconhece, por meio de suas normas, que não pode resistir à pressão da política. O sistema se mantém simulando legalidade, ainda que não renuncia à normatividade em geral. Não obstante, mediatiza o código lícito/ilícito, antepondo uma distinção ao recorrer a um valor de rechaço que permite a subordinação oportunista das elites capazes de se impor [...] O direito então se orienta ocasional e incoerentemente em si mesmo, porém, na realidade, é percebido como um instrumento de poder – tanto interna quanto externamente"[56].

A imagem abaixo resume a ideia de diferenciação funcional:

---

56. LUHMANN, RG, p. 353; DS, p. 137-138.

Nona lição
Os sistemas da sociedade

A Teoria da Sociedade como Sistema de Comunicação é uma teoria na qual:

a) Um sistema de comunicação só se mantém no momento em que está operando = temporalidade da comunicação = paradoxo do sentido: o que muda permanece. Há uma dupla exigência de continuidade e descontinuidade para que o improvável da comunicação se transforme em provável, para que haja um controle do que ocorre no instante do ato de compreender. É que o sistema acumula experiências, condensando, mediante repetição, impressões ocasionais. Disso resulta uma memória operativa independente do entorno = sociedade como auto-observação político-contextual. A comunicação ocorre enlaçando a distinção autorreferência/heterorreferência, fundamental a qualquer outra distinção apropriada, com sentido.

b) "O limite desse sistema é produzido em cada uma de suas comunicações interceptadas e reproduzidas pela comunicação que determina a si mesma como comunicação dentro do emaranhado das próprias operações do sistema e que, ao fazer dessa maneira, não incorpora nenhum componente físico, químico, neurológico"[57] = trata-se da recursividade, de os sistemas comunicativos produzirem suas operações recorrendo e antecipando outras operações do próprio sistema = o sistema opera em contínua auto-observação.

c) "O limite do sistema não é outra coisa que a maneira e a concreção de suas operações – que individualizam o sistema. É a forma do sistema cujo outro lado é o entorno"[58], por isso que, ao utilizar o *medium* de sentido para a determinação de suas operações, o sistema de sentido se torna capaz de enlaçar referências dentro de si mesmo seletivamente às outras operações do horizonte que se lhe apresentam ao mundo confluindo simultaneamente = é duplamente contingência a comunicação, a reciprocidade sistema/ambiente, meio/forma.

Na linguagem de Luhmann, os sistemas sociais se caracterizam por serem funcionalmente

---

57. "Die Grenze dieses Systems wird in jeder einzelnen Kommunikation produziert und reproduziert, in dem die Kommunikation sich als Kommunikation im Netzwerk systemeigener Operationen bestimmt und dabei keinerlei physische, chemische, neurophysiologische Komponenten aufnimmt" (LUHMANN, GG, p. 76; SS, p. 53).

58. "Die Grenze des Systems ist nichts anderes als die Art und Konkretion seiner Operationen, die das System individualisieren. Sie ist die Form des Systems, deren andere Seite damit zur Umwelt wird" (LUHMANN, GG, p. 76-77; SS, p. 53).

diferenciados, ou seja, por deterem unidade que diferencia o sistema de seu entorno, bem como o sistema dos demais sistemas da sociedade, pois esses são ambiente integrante do entorno do sistema de referência na comunicação. Essa unidade é uma forma de dois lados por se constituir de um sentido positivo e um negativo = código binário de referência (*Binären Code*). A unidade do sistema da arte, pois, é o código binário de referência belo/feio (*schön/hässlich*) ou cultura/contracultura (*Kunst/ Nichtkunst*); da ciência, verdadeiro/falso (*wahr/un-wahr*); do direito, lícito/ilícito (*Recht/Unrecht*); da economia, propriedade/não propriedade (*Eigentum/ Nichteigentum*); da educação, titulação/não titulação (para Luhmann não há um código específico para educação, o código dependerá do programa, porém tomamos titulação como opção geral); da política, governo/oposição (*Regierung/Opposition*); da religião, fé/não fé (*Glauben/Unglauben*); da moral, bem/mal (*gut/schlecht*).

No plano das operações próprias de um sistema social não há qualquer contato com o seu entorno, bem como aqueles sistemas situados no entorno não intervêm nos processos autopoiéticos do próprio sistema; ou seja, na sua operação interna, afinal, o sistema é fechado operacionalmente. Como afirma Luhmann, esse fechamento implica a observação do sistema sobre o seu entorno se realizar como atividade interna, no próprio sistema, com a ajuda de distinções próprias, para as quais não existe no entorno nenhuma correspondência. Contudo, toda observação do entorno pressupõe a distinção que se pode realizar exclusivamente no próprio sistema, ou seja, pressupõe a distinção entre autorreferência e heterorreferência. É, pois, devido ao fechamento operacional que o sistema é determinado por sua auto-organização, por seus próprios elementos.

Com isso temos que os sistemas sociais operam no meio do sentido, de modo que suas operações têm uma dupla função: 1) Determinam o estado histórico desde o qual o sistema deve partir em sua próxima operação; determinam ao sistema como dado de uma e não de outra maneira; 2) Formam estruturas como esquemas de seleção que permitem reconhecer e repetir, portanto, fazem possível condensar as identidades para confirmá-las a cada nova situação, ou seja, generalizá-las.

Justamente porque são estruturalmente fechados, esses sistemas detêm autodeterminação e auto-organização, ou seja, o sistema se volta altamente compatível com a desordem no entorno (*order from noises*). Assim, sociedade é um sistema comunicativamente fechado, produz comunicação a partir de comunicação; na sociedade só se pode comunicar dentro de si mesma, não consigo mesma nem com seu entorno, afinal ela produz sua unidade realizando operativamente comunicações ao reiterar e antecipar recursivamente outras comunicações.

Pontualmente temos:

1) Não há, fora da sociedade (do sistema de comunicação), nenhuma comunicação.

2) **Sistemas sociais** ⇨ A sociedade é o único sistema que utiliza a comunicação humana como operação. Ela é um sistema fechado – a própria sociedade define sua maneira específica de operar e determinar sua identidade reflexivamente, para, com isso, regular quais as unidades internas de sentido possibilitam a sua autorreprodução – e aberto – a sociedade aprende por observação de si mesma e de seu ambiente, bem como com as observações dos outros sistemas.

3) **Meios de comunicação simbolicamente generalizados** ⇨ No interior do sistema da sociedade, meios de comunicação se tornaram, evolutivamente, hipercomplexos ao ponto de assumirem a Forma de sistema. São os meios de comunicação simbolicamente generalizados (MCSG), os quais se caracterizam por: a) requererem um código binário que lhes dê unidade de referência comunicativa; b) terem estrutura autorreferencial, os MCGS se diferenciam como conjunto de operações fechadas; c) viabilizarem, devido à circularidade autorreferencial, observações daquilo que os outros meios observaram (observação de segunda ordem), o que torna os MCGS uma unidade inconfundível; d) serem

abertos à informação e partilha referentes ao seu código de referência; e) operarem acoplados estruturalmente com as consciências (sistema psíquico), pois são símbolos simbióticos, "ordenam a maneira pela qual a comunicação se deixa irritar pela corporeidade", isso resulta da necessidade de se corporificar uma comunicação; f) desempenharem a função de aportar confiança que a comunicação será aceita, mesmo quando improvável; g) simbolizarem a inclusão da exclusão, pois só assim podem realizar sua pretensão de serem universalmente utilizáveis e promoverem isso de maneira operativamente fechado. Isso ocorre na medida em que os MCSG viabilizam a autorreflexão do sistema, não automaticamente, mas apenas quando se dá uma comunicação, o que provoca, no sistema, a estabilização de sua semântica histórica; h) por todas essas características, os MCSG são catalisadores à formação de sistemas.

4) **Código** ⇨ Os sistemas da sociedade se diferenciam por sua unidade interna de comunicação, por terem como identidade uma estrutura invariável = o código binário de referência, o qual é constituído por valores opostos (positivo/negativo; interno/externo). Justamente por se tratar de valores da sociedade, no código é facilitada – para que o sistema opere em

constante processo de adaptação ao meio de sentido – a passagem de um lado ou outro da codificação = *tecnicização* do *médium*.

5) **Programa** ⇨ Devido à liberdade de contexto das operações do sistema, condicionamentos têm lugar para que uma comunicação ocorra. Uma semântica de critérios adicionais determina em que condições a classificação do valor positivo ou negativo se leva a cabo corretamente. Os programas são, portanto, regras de decisão que determinam os aspectos e em que ocasiões o sistema processa conhecimento.

6) **Operação** ⇨ Luhmann distingue observar de operar para explicar a diferença entre a evolução sistêmica (de comunicações) e a evolução semântica (de ideias). Enquanto a evolução estrutural se referente à diferenciação dos sistemas (reprodução autopoiética dos sistemas de comunicação, observação do sistema, capacidade do sistema aprender com outro sistema), a evolução semântica se refere à possibilidade de identificação, retenção, lembrança e esquecimento de um sentido digno de ser conservado (pressões de adaptação do sentido, capacidade de transformar irritações em comunicação com sentido).

Aplicando essas ideias aos sistemas da sociedade, temos o seguinte quadro:

Sistema	Medium de sentido	Código	Programa	Operação
Arte	Música Dança Literatura Artes plásticas	Belo/feio	Estética Cultura	Exposição *Show* Publicação
Ciência	Publicações Eventos Verdade	Verdadeira/falsa teoria	Teorias metodologias	Prova da tese
Direito	Legislações Contratos Interpretações	Lícito/ilícito	Justiça Normas	Petições Sentenças Pareceres
Economia	Crédito Dinheiro Seguro	Ter/não ter propriedade	Mercado	Pagamentos
Educação	Diplomas Títulos	Titulação/não titulação	Currículo Profissões	Exame Acesso
Política	Poder Autoridade Legitimação	Governo/oposição	Projeto de leis Legislação	Votos Declarações
Religião	Ritos Tradições orais Textos secretos	Fé/não fé	Mitos Mandamentos	Confissão Reza

Décima lição
O direito da sociedade

O livro *Das Retch der Gesellschaft* (O direito da sociedade) conta com doze capítulos: 1) O ponto de partida na Teoria do Direito; 2) O fechamento operacional do sistema do direito; 3) A função do direito; 4) Codificação e programação; 5) A fórmula de contingência: justiça; 6) A evolução do direito; 7) O lugar dos tribunais no sistema jurídico; 8) A argumentação jurídica; 9) Política e direito; 10) Acoplamentos estruturais; 11) A autodescrição do sistema jurídico; 12) A sociedade e seu direito. Com esses tópicos Luhmann aplica sua Teoria da Sociedade ao direito.

Ao conversar sobre se algo é lícito ou ilícito, pomos em operação o sistema do direito, único sistema que observa os elementos jurídicos a serem selecionados para se qualificar algo como lícito ou ilícito.

Direito não se reduz a um ato, um fato, uma legislação, uma opinião, uma decisão judicial, uma jurisprudência, o que são elementos do sistema, mas não o próprio sistema. Interpretar – ampliação e criação do texto dentro do texto – não se confunde com argumentar – saber como manejar um texto numa comunicação. Argumentar é uma observação de segunda ordem; é auto-observação do sistema do direito; envolve uma rede recursiva da própria argumentação; é observação, trata de distinguir casos jurídicos; é comunicação propensa a controvérsias, o que retira do conceito de argumentação a pura leitura da lei.

Um advogado, um promotor, um procurador, um juiz, um delegado e outros atores do direito não estabelecem o sentido do direito. Sendo sujeitos concretos eles partilham informações, as quais podem ou não irritar o sistema do direito provocando-o entrar em estado de operação. Com isso temos que é o sistema do direito quem estabelece o sentido jurídico; não uma petição, uma sentença, um parecer, um inquérito policial, uma prova judicial etc.

Nessa ótica, os tribunais (a organização da jurisdição) formam o sistema parcial (subsistema) no qual o sistema do direito tem seu centro; afinal, "só os tribunais têm a tarefa de supervisionar a consistência das decisões jurídicas"[59]. Os tribunais são provenientes da evolução da sociedade, surgiram na Modernidade, com a positividade do direito. São

---

59. LUHMANN, RG, p. 327; DS, p. 389.

eles a instituição da força do direito; lidam, portanto, com a legitimação do direito porque atuam devido à necessidade de estabilização dos valores sociais lícito/ilícito.

Para Luhmann, o direito funciona da seguinte maneira:

Ponto a ponto temos:

1) O direito é um sistema que **opera** por observação, portanto capaz de aprendizagem, nos termos de seus elementos (autorreferência), reproduzindo-se por irritações (provocações, perturbações – heterorreferência) internas tanto quanto externas, o que se dá cada vez que se tematiza a licitude/ilicitude de algo.

2) Só o direito comunica sobre direito (lícito/ilícito) = **tautologia**.

3) Ao tematizar a licitude, a resposta primeira é uma negação do direito, portanto um **paradoxo**: "O direito de um é o não direito do outro". Todavia, quem tem direito? Considerando o ponto de vista do sistema da sociedade, todos que vivem na sociedade têm direitos. O paradoxo do sentido implica que um está no lado lícito e o outro no lado ilícito.

4) Adicionando uma outra negação ao tema, temos um **antagonismo**: "O direito de um não é o não direito do outro". Quem tem direito e quem não o tem contam com o direito da sociedade, tanto no sentido temporal (atual/potencial) quanto espacial (contexto social).

5) Ocorre que o direito contém condicionamentos que dissolvem o paradoxo para valorar o caso como lícito ou ilícito. Provocado, o sistema do direito **desparadoxiza** o paradoxo por meio de sua organização interna que lhe permite estabelecer expectativas normativas e de seus programas (autoestruturação).

Sob essa perspectiva, Luhmann revisita conceitos centrais da Teoria do Direito. Norma jurídica, por exemplo, é uma forma específica de expectativa fática, a qual pode ser observada psiquicamente mediante o sentido mentado que se torna compreensível na comunicação. A validez do direito não está no sentido normativo ou teleológico, mas no sentido de comunicação, ou seja, no processamento de informação, afinal a unidade de um sistema se produz e se reproduz unicamente por meio do próprio sistema, não por fatores do entorno. Válido é o direito comunicado, ou seja, o direito informado, partilhado e compreendido.

A relação Direito e sociedade é tratada considerando que: por um lado, a sociedade é entorno do direito; por outro, as operações do sistema jurídico são operações que se efetuam dentro da sociedade, são operações da sociedade. O direito, portanto, com suas operações (que são operações sociais), introduz um corte na sociedade e a configura, com isso, num ambiente específico do direito. O direito, nesta ótica, não é uma resultante dependente do social; é comunicação e, como tal, reflete o social ao mesmo tempo em que cria o social.

Como, então, o entorno social exerce influências sobre o direito, sem por isso deixar de haver a diferenciação direito/sociedade? Luhmann explica que a validez do direito é uma comunicação plena de sentido porquanto o sistema jurídico opera em forma de comunicação protegendo os limites que a própria sociedade estabelece. Direito/sociedade se diferenciam, então, como sistema/entorno, afinal, ao mesmo tempo em que direito é um sistema da sociedade, ele é um sistema operativamente fechado que se descreve a si mesmo como direito positivo, e vive as tentativas de contextualização. A contextualização aqui se refere à sua legitimação, ou seja, que ele tenha e siga produzindo: sentido sobre lícito/ilícito; validade do direito enquanto decisão (sem com isso cair no decisionismo, na arbitrariedade decisória); mutabilidade e imutabilidade do direito; e a relação direito/moral, portanto a obrigatoriedade interna (consistência do direito) e externa (acoplamento com a política = decisões coletivamente vinculantes) de se obedecer às normas jurídicas.

Sendo o direito um sistema de comunicação, não um conjunto de regras, suas operações são comunicações independentes do que as regras afirmam sobre ele, afinal o ponto de partida não é a normatividade do direito nem os valores nele contidos, mas a distinção sistema/entorno; portanto, as operações que reconhecem outros tipos de operações que pertencem a esse sistema.

Assim, quem deseja ter reconhecida sua comunicação como jurídica deve "comprovar que dita comunicação se ordena dentro do que é conforme

112

(lícito) ou discrepante (ilícito) com o Direito, porquanto entra no domínio do código do direito"[60]. Há, portanto, comunicação jurídica fora dos tribunais, na própria sociedade; afinal, o direito é operativamente fechado, ou seja, tem estruturas suficientes para que ocorram enlaçamentos altamente seletivos das operações do sistema. Ou ainda, o direito não adquire realidade por meio de alguma idealidade estável, mas devido às operações que produzem e reproduzem sentido específico do direito. O fechamento operacional, portanto, viabiliza a promoção de operações por remissão à rede de suas próprias operações (autorreferência do direito) e a reprodução de si mesmo (*autopoiesis* do direito).

A abertura cognitiva, por sua vez, é indispensável para a *autopoiesis* do direito (reprodução do direito pelo direito), portanto para a continuidade do seu sistema. Um sistema não adaptado ao seu entorno dedica tanta energia para funcionar que tende a desaparecer. A abertura ao seu ambiente viabiliza o direito de construir sua complexidade interna em contínuo intercâmbio com seu entorno; com isso,

---

60. "Will ein Jurist erkennen, ob eine Kommunikation zum Rechtssystem gehört oder nicht, muss er daher immer auch prüfeun, ob es überhaupt um die Zuordnung von Recht und Unrecht, also um die Domäne des Rechtscodes geht" (LUHMANN, RG, p. 60; DS, p. 116).

o direito se conserva em nível de complexidade alcançado evolutivamente.

Nas palavras de Luhmann: "O sistema do direito é um sistema cuja operação está ligada à auto-observação, um sistema que observa a diferença sistema/entorno e que a reproduz mediante sua operação e que volta a introduzi-la no sistema com a ajuda da distinção entre sistema (autorreferência) e entorno (heterorreferência). Cada observação externa e descrição (observação interna = operação) desse sistema deve observar que o sistema mesmo dispõe da diferença entre autorreferência e heterorreferência"[61].

Sendo assim, o direito tem por função estabilizar expectativas normativas, através da regulação da generalização temporal, objetiva e social. É que o direito permite saber que expectativas têm respaldo social e as que não. Ocorre que o direito tem propensão a crises de confiança e, nesses casos, "quando já não se respeita o direito ou quando, até onde é possível, ele não se impõe, as consequências rebatem muito além do que de imediato se configura como violação

---

61. "Das Rechtssystem ist als ein System, dessen Operationen an Selbstbeobachtung gebunden sind in der Lage, die Differenz von System und Umwelt, die durch dieses Operieren reproduziert wird, in das System wiedereinzuführen und sich selbst mit Hilfe der Unterscheidung von System (Selbstreferenz) und Umwelt (Fremdreferenz) zu beobachten" (LUHMANN, RG, p. 52-53; DS, p. 32).

da lei e, o sistema deve recorrer a formas imediatas para restaurar de novo confiança"[62].

Além da função de garantir expectativas normativas, contrafáticas, o direito também tem a função de limitar possibilidades de comportamento por meio da generalização de expectativas de normas, ou seja, de respeito à norma, de que norma respeitar e qual não respeitar. Essa função depende da capacidade de aprendizagem do ser humano, justamente por ele viver em sociedade. Neste ponto, Luhmann trata do vínculo do direito, na dogmática positivista, à ideia de regulação de conflitos. Tendo em vista suas funções, o direito funciona como obstáculo à mudança social ao mesmo tempo em que promove mudanças sociais (é gerador de conflitos sociais); afinal, ele é só uma das possibilidades de solução de conflitos, não a única.

Por exemplo, trabalhadores têm direitos e ao cobrá-los criam conflitos sociais que antes não tinham lugar. É que o direito detém formas de reflexibilidade, ou seja, a capacidade funcional de

---

62. "Damit ist das Recht aber auch anfällig für symbolisch vermittelte Vertrauenskrisen. Wenn Recht nicht mehr respektiert oder nicht mehr, so weit möglich, durchgesetzt wird, reichen die Folgen weit über das hinaus, was als Rechtsbruch unmittelbar vorliegt, und das System muss auf sehr viel unmittelbarere Formen der Vertrauenssicherung zurückgreifen" (LUHMANN, RG, p. 132; DS, p. 189).

operar vinculado ao seu entorno, o que implica a capacidade de reprodução circular recursiva das decisões jurídicas. Todavia, o direito não pode continuamente dizer: você tem razão, mas desgraçadamente não podemos ajudá-lo. Ele tem que oferecer pelo menos substitutos ao cumprimento do que exige (multas, indenizações etc.) e ter a capacidade de os impor. No entanto, o direito não pode sequer garantir que o que foi julgado tenha solvência econômica, e nenhum sistema político veria como tarefa sua pagar no lugar do sentenciado, só para ajudar a que o direito triunfe.

Quanto à relação direito e justiça, Luhmann escreve que podem existir sistemas jurídicos injustos (ou pouco justos), pois nem a *autopoiesis* operativa do sistema, nem o código necessariamente invariável, podem ser por si e em si justos. Justiça é uma "fórmula de contingência" – esquema de busca de fundamentos ou de valores que não podem obter validez jurídica e não na forma de programa – e, como tal, é o principal programa do direito. A justiça não pode ser conceituada, mas pode ser compreendida como "prevenção de inconsistências que sejam reconhecidas"[63]. É que a diferenciação igual/

---

63. "die Vermeidung erkennbarer Inkonsistenzen" (LUHMANN, RG, p. 357; DS, p. 421).

desigual introduz no sistema do direito a pergunta pela decisão justa e, com isso, aumenta o risco interno devido aos mecanismos de transformação provenientes, não da abertura cognitiva ao exterior (acoplamento estrutural), mas do próprio sistema que, internamente, desenvolve critérios de validez para operar decisões consistentes, decisões que tratem como desigual a desigualdade jurídica, não a desigualdade social (econômica, política, religiosa, científica, de raça, sexo etc.). Dentre os mecanismos internos Luhmann cita, no direito moderno, a organização dos tribunais como fórmula de hierarquia de orientação de decisões, bem como o precedente, decisões anteriores que orientam decisões posteriores, todavia isso se dá como fórmula de contingência, ou seja, pode ser de outra maneira.

Por fim, Luhmann trata dos acoplamentos estruturais (irritações recíprocas) do direito com os demais sistemas da sociedade. A propriedade, por exemplo, só pode ser entendida adequadamente como mecanismo de acoplamento estrutural entre o direito e a economia, pois, sendo o dinheiro o meio de comunicação simbolicamente generalizado da economia, o pagamento não garante a propriedade no sentido jurídico, pois questões como a maneira de utilização do solo, que as cláusulas contratuais estejam adequadas às normas jurídicas afetam o direito à propriedade. Ainda quanto à propriedade, há o acoplamento estrutural com a política, pois incidem impostos, bem como há a política de utilização do solo, a política de urbanização e outras questões de governança atreladas à propriedade, ao direito à propriedade.

Quanto ao acoplamento estrutural do sistema do direito com o sistema da política, há o Estado Constitucional, no qual questões como soberania, hierarquia das normas jurídicas, separação dos poderes, inconstitucionalidade, direitos fundamentais, interpretação da Constituição não são abordados como paradoxo da diferenciação direito e política, mas como acoplamento estrutural, portanto, como irritações recíprocas ou mesmo autoirritações. No caso de irritação recíproca: a política, como entorno do direito, irrita-o, por exemplo, a cada mudança legislativa; o direito, como entorno da política, irrita a política ao estabelecer os princípios e limites para a política, como no caso do direito eleitoral, dos limites para se alterar a constituição e das demais legislações, com a inconstitucionalidade, cláusulas *pétreas*, interpretação do texto constitucional etc. No caso de autoirritação (inclusão do entorno no sistema), há "maiores possibilidades de o sistema jurídico registrar decisões políticas em forma jurídica; bem como maiores possibilidades de a política se servir do direito para pôr em prática seus objetivos"[64].

Ainda sobre o tema, Luhmann distingue "política instrumental" de "política simbólica", para afirmar que é possível, em países em vias de desenvolvimento, a Constituição servir como instrumento de política simbólica quando "o uso exclusivamente simbólico das constituições serve à política para atuar como se o direito a limitasse e irritasse, e para ocultar as verdadeiras relações de poder na comunicação dos entendidos". Porém, "A Constituição, como logro evolutivo, cumpre sua função unicamente sobre o pressuposto da diferenciação funcional e do fechamento operacional dos sistemas político e jurídico"[65].

Além do acoplamento estrutural com os sistemas da sociedade, o direito está acoplado estruturalmente a sistemas exteriores e ao sistema da sociedade, como com o sistema psíquico. É o que ocorre no caso dos direitos subjetivos – liberdade, idiossincrasia –, bem como do acesso à justiça, os quais não se restringem ao voluntarismo individual; antes envolvemos limites jurídicos, pois concorrem

---

64. "mehr Möglichkeiten des Rechtssystems, politische Entscheidungen in Rechtsform zu registrieren, aber auch mehr Möglichkeiten der Politik, das Recht zur Politikumsetzung zu benutzen" (LUHMANN, RG, p. 471; DS, p. 541).

65. LUHMANN, RG, p. 477; DS, p. 549.

relacionados à responsabilidade jurídica por risco, não por perigo. Assim é porque "na consciência do indivíduo concorrem irritações e efeitos de socialização provenientes de diferentes âmbitos funcionais da sociedade que, por sua vez, irritam a consciência sem que o indivíduo possa se relacionar com a sociedade como um todo"[66].

Com esta décima lição, esperamos que o leitor se dedique a leituras de obras de Luhmann e desenvolva pesquisas sob a ótica sistêmica da sociedade.

---

66. "Im Bewusstsein des Einzelnen laufen dann Irritationen zusammen und stellen sich Sözialisationseffekte ein, die aus verschiedenen Funktionsbereichen der Gesellschaft stammen und diese zurückirritieren, ohne dass das Individuum ein Verhältnis zur Gesellschaft als ganzer gewinnen oder gar in ihr als einer Art Solidargemeinschaft, die für alle Lebensverhältnisse zuständig ist, aufgehen könnte" (LUHMANN, RG, p. 477; DS, p. 557).

Referências

BECHMANN, G. & STEHR, N. (2001), "Niklas Luhmann". *Tempo Social* – Rev. Sociol. USP, vol. 13, n. 2, p. 185-200 [Disponível em http://www.scielo.br/pdf/ts/v13n2/v13n2a10.pdf – Acesso em 17/02/2006].

FOERSTER, H. (2003). *Understanding Understanding*: essays on cybernetics and cognition. Nova York/Berlim/Londres/Milão/Paris/Tóquio: Springer.

_____ (1987). *Sistemi che osservano*. Roma: Astrolabio.

GÖDEL, K. (2006[1968]). *Obras completas*. Madri: Alianza.

GUIBENTIF, P. (2010). *Foucault, Luhmann, Habermas, Bourdieu* – Une generation repense le droit. Paris: Fondation Maison des Sciences de l'Homme.

HORNUNG, B. (2000). *Nilkas Luhmann 1927-1998* – Obituary written for the ISA. RC51_Socio cybernetcs [Disponível em http://mgterp.freeyellow.com/academic/luh-obit_rc51.html].

KAUFFMAN, L.H. (1987). "Self-reference and recursive forms". *Journal Social Biological Structure*, vol. 10, p. 53-72.

LUHMANN, N. (2013). *La moral de la sociedad.* Madri: Trotta.

_____ (2009). *La política como sistema.* Cidade do México: Universidad Iberoamericana/Herder.

_____ (2007). *La sociedad de la sociedad.* Cidade do México: Universidad Iberoamericana/Herder.

_____ (2005a). "Iluminismo sociológico". *O pensamento de Niklas Luhmann.* Covilhã, Port.: Universidade da Beira Interior, p. 19-70.

_____ (2005b). *El derecho de la sociedad.* Cidade do México: Universidad Iberoamericana/Herder.

_____ (2005c). *El arte de la sociedad.* Cidade do México: Universidad Iberoamericana/Herder.

_____ (2001). *A improbabilidade da comunicação.* Lisboa: Veja/Passagens.

_____ (1998). *Sistemas sociales* – Lineamentos para una teoría general. Cidade do México: Universidad Iberoamericana/Anthropos.

_____ (1997a). *Das Retchder Gesellschaft.* Frankfurt am Main: Suhrkamp.

_____ (1997b). *Die Gesellschaft der Gesellschaft.* Frankfurt am Main: Suhrkamp.

_____ (1997c). *Die Wissenschaft der Gesellschaft.* Frankfurt am Main: Suhrkamp.

_____ (1996). *La ciencia de la sociedad*. Cidade do México: Universidad Iberoamericana/Anthropos.

_____ (1991 [1983]). *Soziale Systeme* – Grundriss einer allgemeinen Theorie. Frankfurt am Main: Suhrkamp.

_____ (1985). *Come è possibile l'ordine sociale*. Roma/Bari: Laterza.

_____ (1983). "Insistence on systems theory: perspectives from Germany – An essay". *Social forces* – An International Journal of Social Research, vol. 61, n. 4, jun., p. 987-998.

_____ (1983). *Struttura della società e semântica*. Roma/Bari: Laterza.

_____ (1981). *La differenziazione del diritto*. Bologna: Il Mulino.

MATURANA, H. (1969). "The neurophysiology of cognition". In: GARVIN, P. (org.). *Cognition*: A multiple view. Nova York: Spartan, p. 3-23.

MATURANA, H. & VARELA, F. (1984). *El árbol del conocimiento* – Las bases biológicas del entendimiento humano. Buenos Aires: Lumen.

RODRIGUEZ MANSILLA, D. & TORRES NAFARRATE, J. (2008). *Introducción a la Teoría de la Sociedade de Niklas Luhmann*. Cidade do México: Herder.

SPENCER-BROWN, G. (1979). *Laws of Form*. Nova York: Dutton.

STICHWEH, R. (2010). *Niklas Luhmann* [Disponível em http://www.fiw.uni-bonn.de/demokratie forschung/personen/stichweh/pdfs/81_stw_niklas-luhmann-blackwell-companion-to-major-social-theorists.pdf].

WIENER, N. (1965). *Cybernetics or the control and communication in the animal and the machine*. Cambridge, Mass.: MIT.

COLEÇÃO 10 LIÇÕES
Coordenador: *Flamarion Tavares Leite*

– *10 lições sobre Kant*
  Flamarion Tavares Leite
– *10 lições sobre Marx*
  Fernando Magalhães
– *10 lições sobre Maquiavel*
  Vinícius Soares de Campos Barros
– *10 lições sobre Bodin*
  Alberto Ribeiro G. de Barros
– *10 lições sobre Hegel*
  Deyve Redyson
– *10 lições sobre Schopenhauer*
  Fernando J.S. Monteiro
– *10 lições sobre Santo Agostinho*
  Marcos Roberto Nunes Costa
– *10 lições sobre Foucault*
  André Constantino Yazbek
– *10 lições sobre Rousseau*
  Rômulo de Araújo Lima
– *10 lições sobre Hannah Arendt*
  Luciano Oliveira
– *10 lições sobre Hume*
  Marconi Pequeno
– *10 lições sobre Carl Schmitt*
  Agassiz Almeida Filho
– *10 lições sobre Hobbes*
  Fernando Magalhães
– *10 lições sobre Heidegger*
  Roberto S. Kahlmeyer-Mertens
– *10 lições sobre Walter Benjamin*
  Renato Franco
– *10 lições sobre Adorno*
  Antonio Zuin, Bruno Pucci e Luiz Nabuco Lastoria
– *10 lições sobre Leibniz*
  André Chagas
– *10 lições sobre Max Weber*
  Luciano Albino
– *10 lições sobre Bobbio*
  Giuseppe Tosi

- *10 lições sobre Luhmann*
  Artur Stamford da Silva
- *10 lições sobre Fichte*
  Danilo Vaz-Curado R.M. Costa
- *10 lições sobre Gadamer*
  Roberto S. Kahlmeyer-Mertens
- *10 lições sobre Horkheimer*
  Ari Fernando Maia, Divino José da Silva e Sinésio Ferraz Bueno
- *10 lições sobre Wittgenstein*
  Gerson Francisco de Arruda Júnior
- *10 lições sobre Nietzsche*
  João Evangelista Tude de Melo Neto
- *10 lições sobre Pascal*
  Ricardo Vinícius Ibañez Mantovani
- *10 lições sobre Sloterdijk*
  Paulo Ghiraldelli Júnior
- *10 lições sobre Bourdieu*
  José Marciano Monteiro
- *10 lições sobre Merleau-Ponty*
  Iraquitan de Oliveira Caminha
- *10 lições sobre Rawls*
  Newton de Oliveira Lima
- *10 lições sobre Sócrates*
  Paulo Ghiraldelli Júnior

CATEQUÉTICO PASTORAL

Catequese – Pastoral
Ensino religioso

CULTURAL

Administração – Antropologia – Biografias
Comunicação – Dinâmicas e Jogos
Ecologia e Meio Ambiente – Educação e Pedagogia
Filosofia – História – Letras e Literatura
Obras de referência – Política – Psicologia
Saúde e Nutrição – Serviço Social e Trabalho
Sociologia

TEOLÓGICO ESPIRITUAL

Biografias – Devocionários – Espiritualidade e Mística
Espiritualidade Mariana – Franciscanismo
Autoconhecimento – Liturgia – Obras de referência
Sagrada Escritura e Livros Apócrifos – Teologia

REVISTAS

Concilium – Estudos Bíblicos
Grande Sinal – REB

PRODUTOS SAZONAIS

Folhinha do Sagrado Coração de Jesus
Calendário de mesa do Sagrado Coração de Jesus
Agenda do Sagrado Coração de Jesus
Almanaque Santo Antônio – Agendinha
Diário Vozes – Meditações para o dia a dia
Encontro diário com Deus
Guia Litúrgico

VOZES NOBILIS

Uma linha editorial especial, com importantes autores, alto valor agregado e qualidade superior.

VOZES DE BOLSO

Obras clássicas de Ciências Humanas em formato de bolso.

CADASTRE-SE
www.vozes.com.br

EDITORA VOZES LTDA.
Rua Frei Luís, 100 – Centro – Cep 25689-900 – Petrópolis, RJ
Tel.: (24) 2233-9000 – Fax: (24) 2231-4676 – E-mail: vendas@vozes.com.br

UNIDADES NO BRASIL: Belo Horizonte, MG – Brasília, DF – Campinas, SP – Cuiabá, MT
Curitiba, PR – Fortaleza, CE – Goiânia, GO – Juiz de Fora, MG
Manaus, AM – Petrópolis, RJ – Porto Alegre, RS – Recife, PE – Rio de Janeiro, RJ
Salvador, BA – São Paulo, SP